Saveurs de Chine

Un Voyage Culinaire Authentique

Li Wei

Indice

Poulet aux pousses de bambou *10*
jambon cuit à la vapeur *11*
bacon au chou *12*
Poulet aux amandes *13*
Poulet aux amandes et châtaignes d'eau *15*
Poulet aux amandes et légumes *16*
poulet anisé *17*
Poulet aux Abricots *19*
Poulet Aux Asperges *20*
Poulet aux aubergines *21*
Rouleau de poulet et bacon *22*
Poulet aux germes de soja *23*
Poulet à la sauce aux haricots noirs *24*
poulet au brocoli *25*
Poulet au chou et cacahuètes *26*
Poulet aux noix de cajou *27*
poulet aux châtaignes *29*
Poulet au piment fort *30*
Poulet rôti au poivre *31*
Poulet à la chinoise *33*
Poulet chow mein *34*
Poulet épicé frit croustillant *36*
Poulet frit au concombre *38*
Curry de poulet au poivre *39*
Curry de poulet chinois *40*
Curry de poulet rapide *41*
Curry de poulet aux pommes de terre *42*
Cuisses de poulet frites *43*
Poulet frit à la sauce curry *44*
poulet ivre *45*
Poulet salé aux œufs *47*
nems au poulet *48*

Poulet rôti aux œufs	51
Poulet d'Extrême-Orient	53
Poulet Foo Yung	54
Foo Yung au jambon et au poulet	55
Poulet frit au gingembre	56
Poulet Au Gingembre	57
Poulet au gingembre, champignons et châtaignes	58
Poulet doré	59
Ragoût de poulet doré mariné	60
Pièces d'or	62
Poulet vapeur au jambon	63
Poulet à la sauce Hoisin	64
poulet au miel	65
Poulet Kung Pao	66
Poulet aux poireaux	67
Poulet Au Citron	68
Poulet frit au citron	70
Foies de volaille aux pousses de bambou	71
Foie De Poulet Frit	72
Foie de volaille aux pois mange-tout	73
Foie de poulet à la pâte à crêpes	74
Foie de poulet à la sauce d'huîtres	75
Foie de poulet à l'ananas	76
Foie de poulet aigre-doux	77
Poulet aux litchis	78
Poulet à la sauce litchi	79
Poulet aux pois mange-tout	81
Poulet à la mangue	82
Melon farci au poulet	83
Poulet Braisé Et Champignons	84
Poulet aux champignons et cacahuètes	85
Poulet Rôti Aux Champignons	87
Poulet vapeur aux champignons	88
Poulet à l'oignon	89
Poulet à l'orange et au citron	90
Poulet à la sauce d'huîtres	91

portions de poulet	92
poulet aux cacahuètes	93
Poulet au beurre de cacahuète	94
Poulet aux petits pois	95
Poulet laqué	96
Poulet au poivre	97
Poulet rôti au poivre	99
poulet et ananas	101
Poulet à l'ananas et litchi	102
poulet au porc	103
Poulet rôti aux pommes de terre	104
Poulet aux cinq épices et pommes de terre	105
Poulet rouge bouilli	106
Boulettes de poulet	107
Poulet Salé	108
Poulet à l'huile de sésame	109
Poulet au xérès	110
Poulet à la sauce soja	111
Poulet rôti épicé	112
poulet aux épinards	113
rouleaux de printemps au poulet	114
Rôti de porc épicé	116
petits pains au porc cuits à la vapeur	117
porc au chou	119
Porc au chou et tomates	121
Porc mariné au chou	122
Porc au céleri	124
Porc aux Châtaignes et Champignons	125
Côtelette de porc	126
yakisoba au porc	127
Chow Mein au porc rôti	129
Porc au chutney	130
Porc au concombre	131
Colis de porc croustillant	132
Rouleaux de porc à l'œuf	133
Rouleaux de porc et crevettes	134

Porc braisé aux œufs	*136*
cochon de feu	*137*
Filet De Porc Frit	*138*
Porc aux cinq épices	*139*
Rôti de porc parfumé	*140*
Porc à l'ail émincé	*141*
Porc frit au gingembre	*142*
Porc aux haricots verts	*143*
Porc au jambon et tofu	*144*
brochettes de porc frites	*146*
Jarret de porc rôti à la sauce rouge	*147*
porc mariné	*149*
Côtelettes de porc marinées	*150*
Porc aux Champignons	*151*
pain de viande cuit à la vapeur	*152*
Cochon Rouge Aux Champignons	*153*
Crêpe de porc aux nouilles	*154*
Porc et crevettes avec crêpe aux nouilles	*155*
Porc à la sauce d'huîtres	*156*
Porc aux cacahuètes	*157*
Porc aux poivrons	*159*
Porc épicé aux cornichons	*160*
Porc à la sauce aux prunes	*161*
Porc aux crevettes	*162*
Cochon rouge	*163*
Porc à la sauce rouge	*164*
Porc aux nouilles de riz	*166*
Dumplings de porc riches	*168*
Côtelettes de porc rôties	*169*
porc salé	*170*
Tranches de porc glissantes	*172*
Porc aux épinards et carottes	*173*
porc cuit à la vapeur	*174*
Porc frit	*175*
Porc aux patates douces	*176*
Porc aigre-doux	*177*

porc salé	178
Porc au tofu	179
porc mou	180
Deux fois un cochon	181
Porc aux légumes	182
Porc aux noix	183
wonton au porc	184
Porc aux châtaignes d'eau	185
Wontons au porc et aux crevettes	186
Boulettes de viande hachée cuites à la vapeur	187
Côtes levées sauce haricots noirs	188
côtelettes braisées	189
Escalope rôtie à l'érable	190
Escalopes frites	191
Côtes levées aux poireaux	192
Escalopes aux champignons	193
Escalopes à l'orange	194
escalope d'ananas	195
Escalope de crevettes croustillante	197
Côtes levées au vin de riz	197
Escalopes aux graines de sésame	198
Escalopes à la sauce aigre-douce	200
Côtelettes braisées	201
Escalopes à la Tomate	202
Rôti de porc grillé	203
Porc froid à la moutarde	204
Rôti de porc chinois	205
Porc aux épinards	207
boulettes de porc frites	208
Rouleaux de porc et crevettes	209
Porc haché à la vapeur	210
Porc frit à la chair de crabe	211
Porc aux germes de soja	212
cochon ivre	213
cuisse de porc cuite à la vapeur	214
Rôti de porc aux légumes	216

Deux fois un cochon.. 217
Rognons De Porc Au Mangetout 218
Jambon Rouge Aux Châtaignes 219
Galettes de jambon frit et œufs 220
Jambon et ananas 221
Omelette au jambon et aux épinards 222

Poulet aux pousses de bambou

Pour 4 portions

45 ml / 3 cuillères à soupe d'huile d'arachide (cacahuètes)
1 gousse d'ail, écrasée
1 échalote (oignon vert), hachée
1 tranche de racine de gingembre, hachée
225 g de poitrine de poulet, tranchée
225 g de pousses de bambou, tranchées
45 ml / 3 cuillères à soupe de sauce soja
15 ml / 1 cuillère à soupe de vin de riz ou de xérès sec
5 ml / 1 cuillère à café de farine de maïs (amidon de maïs)

Faites chauffer l'huile et faites revenir l'ail, l'échalote et le gingembre jusqu'à ce qu'ils soient légèrement dorés. Ajouter le poulet et faire revenir 5 minutes. Ajoutez les pousses de bambou et faites revenir 2 minutes. Incorporer la sauce soja, le vin ou le xérès et la semoule de maïs et faire revenir environ 3 minutes jusqu'à ce que le poulet soit cuit.

jambon cuit à la vapeur

Pour 6 à 8 personnes

900 g / 2 lb de jambon frais
30 ml / 2 cuillères à soupe de cassonade
60 ml / 4 cuillères à soupe de vin de riz ou de xérès sec

Placez le jambon dans un plat résistant à la chaleur sur une grille, couvrez et faites cuire à la vapeur dans l'eau bouillante pendant environ 1 heure. Ajoutez le sucre et le vin ou le xérès dans le plat, couvrez et faites cuire à la vapeur pendant encore une heure ou jusqu'à ce que le jambon soit cuit. Laisser refroidir dans le bol avant de trancher.

bacon au chou

Pour 4 portions

4 tranches de bacon entrelacé, pelées et hachées

2,5 ml/½ cuillère à café de sel

1 tranche de racine de gingembre, hachée

½ chou, haché

75 ml / 5 cuillères à soupe de bouillon de poulet

15 ml / 1 cuillère à soupe de sauce aux huîtres

Faites frire le bacon jusqu'à ce qu'il soit croustillant, puis retirez-le de la poêle. Ajoutez le sel et le gingembre et faites revenir pendant 2 minutes. Ajoutez le chou et mélangez bien, puis incorporez le bacon et ajoutez le bouillon, couvrez et laissez cuire environ 5 minutes jusqu'à ce que le chou soit tendre mais encore légèrement croquant. Ajoutez la sauce aux huîtres, couvrez et laissez cuire 1 minute avant de servir.

Poulet aux amandes

Pour 4 à 6 personnes

375 ml / 13 fl oz / 1½ tasse de bouillon de poulet

60 ml / 4 cuillères à soupe de vin de riz ou de xérès sec

45 ml / 3 cuillères à soupe de farine de maïs (amidon de maïs)

15 ml / 1 cuillère à soupe de sauce soja

4 poitrines de poulet

1 blanc d'oeuf

2,5 ml/½ cuillère à café de sel

huile de friture

75 g / 3 oz / ½ tasse d'amandes blanchies

1 grosse carotte, coupée en dés

5 ml/1 cuillère à café de racine de gingembre râpée

6 oignons nouveaux (oignons verts), tranchés

3 branches de céleri, tranchées

100 g de champignons tranchés

100 g de pousses de bambou, tranchées

Mélangez le bouillon, la moitié du vin ou du xérès, 30 ml/2 cuillères à soupe de maïzena et la sauce soja dans une casserole. Portez à ébullition en remuant et laissez cuire 5 minutes jusqu'à ce que le mélange épaississe. Retirer du feu et réserver au chaud.

Retirez la peau et les os du poulet et coupez-le en morceaux de 2,5 cm/1 cm. Mélangez le reste du vin ou du xérès et la maïzena, le blanc d'œuf et le sel, ajoutez les morceaux de poulet et mélangez bien. Faites chauffer l'huile et faites frire les morceaux de poulet, quelques-uns à la fois, pendant environ 5 minutes, jusqu'à ce qu'ils soient dorés. Sèche bien. Retirez tout l'huile de la poêle sauf 30 ml/2 cuillères à soupe et faites frire les amandes pendant 2 minutes jusqu'à ce qu'elles soient dorées. Sèche bien. Ajoutez la carotte et le gingembre dans la poêle et faites sauter pendant 1 minute. Ajoutez le reste des légumes et faites sauter pendant environ 3 minutes jusqu'à ce que les légumes soient tendres mais toujours croquants. Remettez le poulet et les amandes dans la poêle avec la sauce et remuez à feu moyen pendant quelques minutes jusqu'à ce qu'ils soient bien chauds.

Poulet aux amandes et châtaignes d'eau

Pour 4 portions

6 champignons chinois séchés
4 morceaux de poulet, désossé
100 g d'amandes hachées
sel et poivre fraîchement moulu
60 ml / 4 cuillères à soupe d'huile d'arachide (cacahuètes)
100 g de châtaignes d'eau tranchées
75 ml / 5 cuillères à soupe de bouillon de poulet
30 ml / 2 cuillères à soupe de sauce soja

Faites tremper les champignons dans l'eau tiède pendant 30 minutes et égouttez-les. Jetez les tiges et coupez les sommets. Coupez le poulet en fines tranches. Assaisonnez généreusement les amandes avec du sel et du poivre et recouvrez les tranches de poulet d'amandes. Faites chauffer l'huile et faites frire le poulet jusqu'à ce qu'il soit légèrement doré. Ajoutez les champignons, les châtaignes d'eau, le bouillon et la sauce soja, portez à ébullition, couvrez et laissez cuire quelques minutes jusqu'à ce que le poulet soit bien cuit.

Poulet aux amandes et légumes

Pour 4 portions

75 ml / 5 cuillères à soupe d'huile d'arachide (cacahuètes)

4 tranches de racine de gingembre, hachées

5 ml/1 cuillère à café de sel

100 g de bok choy haché

50 g de pousses de bambou coupées en dés

50 g de champignons coupés en dés

2 branches de céleri, coupées en dés

3 dés de châtaignes d'eau

120 ml / 4 fl oz / ½ tasse de bouillon de poulet

225 g de poitrine de poulet coupée en dés

15 ml / 1 cuillère à soupe de vin de riz ou de xérès sec

50 g / 2 oz de pois mange-tout (petits pois)

100 g de flocons d'amandes grillées

10 ml / 2 cuillères à café de farine de maïs (amidon de maïs)

15 ml / 1 cuillère à soupe d'eau

Faites chauffer la moitié de l'huile et faites revenir le gingembre et le sel pendant 30 secondes. Ajoutez le chou, les pousses de bambou, les champignons, le céleri et les châtaignes d'eau et faites revenir 2 minutes. Ajoutez le bouillon, portez à ébullition, couvrez et laissez cuire 2 minutes. Retirez les légumes et la sauce de la poêle. Faites chauffer le reste de l'huile et faites frire le poulet pendant 1 minute. Ajoutez le vin ou le xérès et faites sauter pendant 1 minute. Remettez les légumes dans la poêle avec les pois mange-tout et les amandes et laissez cuire 30 secondes. Fouetter ensemble la semoule de maïs et l'eau jusqu'à ce qu'elle forme une pâte, ajouter à la sauce et cuire en remuant jusqu'à ce que la sauce épaississe.

poulet anisé

Pour 4 portions

75 ml / 5 cuillères à soupe d'huile d'arachide (cacahuètes)
2 oignons, hachés
1 gousse d'ail, hachée
2 tranches de racine de gingembre, hachées
15 ml / 1 cuillère à soupe de farine (tout usage)
30 ml/2 cuillères à soupe de curry en poudre
450 g de poulet, coupé en dés
15 ml / 1 cuillère à soupe de sucre

30 ml / 2 cuillères à soupe de sauce soja
450 ml / ¾ pt / 2 tasses de bouillon de poulet
2 gousses d'anis étoilé
225 g de pommes de terre, coupées en dés

Faites chauffer la moitié de l'huile et faites revenir les oignons jusqu'à ce qu'ils soient légèrement dorés, puis retirez-les de la poêle. Faites chauffer le reste de l'huile et faites revenir l'ail et le gingembre pendant 30 secondes. Ajouter la farine et le curry et cuire 2 minutes. Remettez les oignons dans la poêle, ajoutez le poulet et faites revenir 3 minutes. Ajoutez le sucre, la sauce soja, le bouillon et l'anis, portez à ébullition, couvrez et laissez cuire 15 minutes. Ajouter les pommes de terre, porter à ébullition, couvrir et cuire encore 20 minutes jusqu'à ce qu'elles soient tendres.

Poulet aux Abricots

Pour 4 portions

4 morceaux de poulet
sel et poivre fraîchement moulu
pincée de gingembre moulu
60 ml / 4 cuillères à soupe d'huile d'arachide (cacahuètes)
225 g d'abricots en conserve, coupés en deux
300 ml / ½ pt / 1 ¼ tasse de sauce aigre-douce
30 ml/2 cuillères à soupe d'amandes effilées, grillées

Assaisonnez le poulet avec du sel, du poivre et du gingembre. Faites chauffer l'huile et faites frire le poulet jusqu'à ce qu'il soit légèrement doré. Couvrir et cuire environ 20 minutes jusqu'à tendreté, en remuant de temps en temps. Égoutter l'huile. Ajouter les abricots et la sauce dans la poêle, porter à ébullition, couvrir et cuire lentement pendant environ 5 minutes ou jusqu'à ce que le tout soit bien chaud. Décorer d'amandes roulées.

Poulet Aux Asperges

Pour 4 portions

45 ml / 3 cuillères à soupe d'huile d'arachide (cacahuètes)
5 ml/1 cuillère à café de sel
1 gousse d'ail, écrasée
1 échalote (oignon vert), hachée
1 poitrine de poulet, tranchée
30 ml / 2 cuillères à soupe de sauce aux haricots noirs
350 g / 12 oz d'asperges, coupées à 1 pouce / 1 morceau
120 ml / 4 fl oz / ½ tasse de bouillon de poulet
5 ml/1 cuillère à café de sucre
15 ml / 1 cuillère à soupe de farine de maïs (amidon de maïs)
45 ml / 3 cuillères à soupe d'eau

Faites chauffer la moitié de l'huile d'olive et faites revenir le sel, l'ail et la ciboulette jusqu'à ce qu'ils soient légèrement dorés. Ajouter le poulet et faire revenir jusqu'à ce qu'il soit légèrement doré. Ajouter la sauce aux haricots noirs et remuer pour enrober le poulet. Ajoutez les asperges, le bouillon et le sucre, portez à ébullition, couvrez et laissez cuire 5 minutes jusqu'à ce que le poulet soit tendre. Fouetter la semoule de maïs et l'eau jusqu'à ce qu'une pâte se forme, incorporer dans la poêle et cuire en remuant jusqu'à ce que la sauce soit légère et épaissie.

Poulet aux aubergines

Pour 4 portions

225 g/8 oz de poulet, tranché
15 ml / 1 cuillère à soupe de sauce soja
15 ml / 1 cuillère à soupe de vin de riz ou de xérès sec
15 ml / 1 cuillère à soupe de farine de maïs (amidon de maïs)
1 aubergine (aubergine), pelée et coupée en lanières
30 ml / 2 cuillères à soupe d'huile d'arachide (cacahuètes)
2 poivrons rouges séchés
2 gousses d'ail, écrasées
75 ml / 5 cuillères à soupe de bouillon de poulet

Placer le poulet dans un bol. Fouetter ensemble la sauce soja, le vin ou le xérès et la semoule de maïs, ajouter au poulet et laisser reposer 30 minutes. Blanchir les aubergines dans l'eau bouillante pendant 3 minutes et bien les égoutter. Faites chauffer l'huile et faites revenir les poivrons jusqu'à ce qu'ils soient foncés, retirez-les et jetez-les. Ajouter l'ail et le poulet et faire revenir jusqu'à ce qu'ils soient légèrement dorés. Ajoutez le bouillon et les aubergines, portez à ébullition, couvrez et laissez cuire 3 minutes en remuant de temps en temps.

Rouleau de poulet et bacon

Pour 4 à 6 personnes

225 g/8 oz de poulet, coupé en dés

30 ml / 2 cuillères à soupe de sauce soja

15 ml / 1 cuillère à soupe de vin de riz ou de xérès sec

5 ml/1 cuillère à café de sucre

5 ml/1 cuillère à café d'huile de sésame

sel et poivre fraîchement moulu

225 g de tranches de bacon

1 oeuf légèrement battu

100 g de farine nature (tout usage)

huile de friture

4 tomates, tranchées

Mélangez le poulet avec la sauce soja, le vin ou le xérès, le sucre, l'huile de sésame, le sel et le poivre. Couvrir et laisser mariner 1 heure en remuant de temps en temps, puis retirer le poulet et jeter la marinade. Coupez le bacon en petits morceaux et enroulez-le autour des cubes de poulet. Battez les œufs avec la farine jusqu'à obtenir un mélange épais, en ajoutant un peu de lait si nécessaire. Trempez les cubes dans la pâte. Faites chauffer l'huile et faites frire les cubes jusqu'à ce qu'ils soient dorés et bien cuits. Servir garni de tomates cerises.

Poulet aux germes de soja

Pour 4 portions

45 ml / 3 cuillères à soupe d'huile d'arachide (cacahuètes)
1 gousse d'ail, écrasée
1 échalote (oignon vert), hachée
1 tranche de racine de gingembre, hachée
225 g de poitrine de poulet, tranchée
225 g / 8 oz de germes de soja
45 ml / 3 cuillères à soupe de sauce soja
15 ml / 1 cuillère à soupe de vin de riz ou de xérès sec

5 ml / 1 cuillère à café de farine de maïs (amidon de maïs)

Faites chauffer l'huile et faites revenir l'ail, l'échalote et le gingembre jusqu'à ce qu'ils soient légèrement dorés. Ajouter le poulet et faire revenir 5 minutes. Ajouter les germes de soja et faire revenir pendant 2 minutes. Incorporer la sauce soja, le vin ou le xérès et la semoule de maïs et faire revenir environ 3 minutes jusqu'à ce que le poulet soit cuit.

Poulet à la sauce aux haricots noirs

Pour 4 portions

30 ml / 2 cuillères à soupe d'huile d'arachide (cacahuètes)
5 ml/1 cuillère à café de sel
30 ml / 2 cuillères à soupe de sauce aux haricots noirs
2 gousses d'ail, écrasées
450 g de poulet, coupé en dés
250 ml / 8 fl oz / 1 tasse de bouillon
1 poivron vert, coupé en dés
1 oignon haché

15 ml / 1 cuillère à soupe de sauce soja
poivre fraîchement moulu
15 ml / 1 cuillère à soupe de farine de maïs (amidon de maïs)
45 ml / 3 cuillères à soupe d'eau

Faites chauffer l'huile et faites revenir le sel, les haricots noirs et l'ail pendant 30 secondes. Ajouter le poulet et faire revenir jusqu'à ce qu'il soit légèrement doré. Ajoutez le bouillon, portez à ébullition, couvrez et laissez cuire 10 minutes. Ajoutez le poivron, l'oignon, la sauce soja et le poivre, couvrez et laissez cuire encore 10 minutes. Fouettez ensemble la semoule de maïs et l'eau jusqu'à ce qu'elle forme une pâte, ajoutez-la à la sauce et faites cuire en remuant jusqu'à ce que la sauce épaississe et que le poulet soit tendre.

poulet au brocoli

Pour 4 portions
450 g de viande de poulet, coupée en dés
225 g / 8 onces de foie de poulet
45 ml / 3 cuillères à soupe de farine (tout usage)
45 ml / 3 cuillères à soupe d'huile d'arachide (cacahuètes)
1 oignon, coupé en dés
1 poivron rouge, coupé en dés
1 poivron vert, coupé en dés

225 g de fleurons de brocoli

4 tranches d'ananas, coupées en dés

30 ml / 2 cuillères à soupe de purée de tomates (pâte)

30 ml/2 cuillères à soupe de sauce hoisin

30 ml/2 cuillères à soupe de miel

30 ml / 2 cuillères à soupe de sauce soja

300 ml / ½ pt / 1 ¼ tasse de bouillon de poulet

10 ml/2 cuillères à café d'huile de sésame

Farinez le poulet et les foies de volaille. Faites chauffer l'huile et faites revenir le foie pendant 5 minutes, puis retirez-le de la poêle. Ajouter le poulet, couvrir et faire revenir à feu moyen pendant 15 minutes en remuant de temps en temps. Ajouter les légumes et l'ananas et faire revenir 8 minutes. Remettez les foies dans le wok, ajoutez le reste des ingrédients et portez à ébullition. Cuire en remuant jusqu'à ce que la sauce épaississe.

Poulet au chou et cacahuètes

Pour 4 portions

45 ml / 3 cuillères à soupe d'huile d'arachide (cacahuètes)

30 ml / 2 cuillères à soupe de cacahuètes

450 g de poulet, coupé en dés

½ chou coupé en carrés
15 ml / 1 cuillère à soupe de sauce aux haricots noirs
2 poivrons rouges, hachés
5 ml/1 cuillère à café de sel

Faites chauffer un filet d'huile et faites revenir les cacahuètes quelques minutes en remuant constamment. Retirer, égoutter et écraser. Faites chauffer le reste de l'huile et faites frire le poulet et le chou jusqu'à ce qu'ils soient légèrement dorés. Retirer de la poêle. Ajouter les haricots noirs et la sauce chili et faire sauter pendant 2 minutes. Remettez le poulet et le chou dans la poêle avec les cacahuètes hachées et assaisonnez de sel. Faire frire jusqu'à ce qu'il soit chaud et servir immédiatement.

Poulet aux noix de cajou

Pour 4 portions

30 ml / 2 cuillères à soupe de sauce soja
30 ml / 2 cuillères à soupe de farine de maïs (amidon de maïs)
15 ml / 1 cuillère à soupe de vin de riz ou de xérès sec
350 g/12 oz de poulet, coupé en dés
45 ml / 3 cuillères à soupe d'huile d'arachide (cacahuètes)
2,5 ml/½ cuillère à café de sel
2 gousses d'ail, écrasées
225 g/8 oz de champignons, tranchés

100 g de châtaignes d'eau tranchées
100 g de pousses de bambou
50 g / 2 oz de pois mange-tout (petits pois)
225 g / 8 oz / 2 tasses de noix de cajou
300 ml / ½ pt / 1 ¼ tasse de bouillon de poulet

Fouetter ensemble la sauce soja, la semoule de maïs et le vin ou le xérès, verser sur le poulet, couvrir et laisser mariner au moins 1 heure. Faites chauffer 30 ml/2 cuillères à soupe d'huile avec le sel et l'ail et faites revenir jusqu'à ce que l'ail soit légèrement doré. Ajoutez le poulet avec la marinade et faites frire pendant 2 minutes jusqu'à ce que le poulet soit légèrement doré. Ajoutez les champignons, les châtaignes d'eau, les pousses de bambou et les pois mange-tout et faites revenir 2 minutes. Pendant ce temps, faites chauffer le reste de l'huile dans une poêle à part et faites revenir les noix de cajou à feu doux pendant quelques minutes jusqu'à ce qu'elles soient dorées. Ajoutez-les dans la casserole avec le bouillon, portez à ébullition, couvrez et laissez cuire 5 minutes. Si la sauce n'épaissit pas suffisamment, ajoutez un peu de maïzena mélangée à une cuillère à soupe d'eau et remuez jusqu'à ce que la sauce épaississe et devienne claire.

poulet aux châtaignes

Pour 4 portions

225 g/8 oz de poulet, tranché

5 ml/1 cuillère à café de sel

15 ml / 1 cuillère à soupe de sauce soja

huile de friture

250 ml / 8 fl oz / 1 tasse de bouillon de poulet

200 g de châtaignes d'eau hachées

225 g de châtaignes hachées

225 g de champignons coupés en quartiers

15 ml/1 cuillère à soupe de persil frais haché

Saupoudrer le poulet de sel et de sauce soja et bien frotter le poulet. Faites chauffer l'huile et faites frire le poulet jusqu'à ce qu'il soit doré, retirez-le et égouttez-le. Mettez le poulet dans une casserole avec le bouillon, portez à ébullition et laissez cuire 5 minutes. Ajoutez les châtaignes d'eau, les châtaignes et les champignons, couvrez et laissez cuire environ 20 minutes jusqu'à ce que le tout soit tendre. Servir garni de persil.

Poulet au piment fort

Pour 4 portions

350 g/1 lb de viande de poulet, coupée en dés
1 œuf légèrement battu
10 ml/2 cuillères à café de sauce soja
2,5 ml/½ cuillère à café de farine de maïs (amidon de maïs)
huile de friture
1 poivron vert, coupé en dés
4 gousses d'ail, écrasées
2 poivrons rouges, hachés
5 ml/1 cuillère à café de poivre fraîchement moulu

5 ml/1 cuillère à café de vinaigre de vin

5 ml/1 cuillère à café d'eau

2,5 ml/½ cuillère à café de sucre

2,5 ml/½ cuillère à café d'huile de piment

2,5 ml/½ cuillère à café d'huile de sésame

Mélangez le poulet avec l'œuf, la moitié de la sauce soja et la farine de maïs et laissez reposer 30 minutes. Faites chauffer l'huile et faites frire le poulet jusqu'à ce qu'il soit doré et égouttez-le bien. Versez tout l'huile de la poêle sauf 15 ml/1 cuillère à soupe, ajoutez le piment, l'ail et le piment et faites frire pendant 30 secondes. Ajoutez le poivre, le vinaigre de vin, l'eau et le sucre et faites revenir 30 secondes. Remettez le poulet dans la poêle et faites-le revenir quelques minutes jusqu'à ce qu'il soit bien cuit. Servir saupoudré d'huile de sésame et de poivre.

Poulet rôti au poivre

Pour 4 portions

225 g/8 oz de poulet, tranché

2,5 ml/½ cuillère à café de sauce soja

2,5 ml/½ cuillère à café d'huile de sésame

2,5 ml/½ cuillère à café de vin de riz ou de xérès sec

5 ml / 1 cuillère à café de farine de maïs (amidon de maïs)

sel

45 ml / 3 cuillères à soupe d'huile d'arachide (cacahuètes)

100 g d'épinards

4 oignons nouveaux (oignons verts), hachés

2,5 ml/½ cuillère à café de poudre de piment

15 ml / 1 cuillère à soupe d'eau

1 tomate, tranchée

Assaisonnez le poulet avec la sauce soja, l'huile de sésame, le vin ou le xérès, la moitié de la semoule de maïs et une pincée de sel. Laissez reposer 30 minutes. Faites chauffer 15 ml/1 cuillère à soupe d'huile et faites frire le poulet jusqu'à ce qu'il soit légèrement doré. Retirer du wok. Faites chauffer 15 ml/1 cuillère à soupe d'huile et faites frire les épinards jusqu'à ce qu'ils soient fanés, puis retirez-les du wok. Faites chauffer le reste de l'huile et faites revenir les échalotes, la poudre de chili, l'eau et le reste de la maïzena pendant 2 minutes. Ajouter le poulet et faire revenir rapidement. Disposez les épinards sur une assiette chaude, déposez le poulet dessus et servez garni de tomates.

Poulet à la chinoise

Pour 4 portions

100 g/4 oz de feuilles chinoises, hachées
100 g de pousses de bambou coupées en lanières
60 ml / 4 cuillères à soupe d'huile d'arachide (cacahuètes)
3 oignons nouveaux (oignons verts), tranchés
2 gousses d'ail, écrasées
1 tranche de racine de gingembre, hachée
225 g de poitrine de poulet coupée en lanières
45 ml / 3 cuillères à soupe de sauce soja
15 ml / 1 cuillère à soupe de vin de riz ou de xérès sec
5 ml/1 cuillère à café de sel
2,5 ml/½ cuillère à café de sucre

poivre fraîchement moulu

15 ml / 1 cuillère à soupe de farine de maïs (amidon de maïs)

Blanchir les feuilles de Chine et les pousses de bambou dans l'eau bouillante pendant 2 minutes. Égoutter et sécher. Faites chauffer 45 ml/3 cuillères à soupe d'huile et faites revenir l'oignon, l'ail et le gingembre jusqu'à ce qu'ils soient légèrement dorés. Ajouter le poulet et faire revenir pendant 4 minutes. Retirer de la poêle. Faites chauffer le reste de l'huile et faites revenir les légumes pendant 3 minutes. Ajouter le poulet, la sauce soja, le vin ou le xérès, le sel, le sucre et une pincée de poivre et faire sauter pendant 1 minute. Mélangez la fécule de maïs avec un peu d'eau, ajoutez-la à la sauce et faites cuire en remuant jusqu'à ce que la sauce soit allégée et épaissie.

Poulet chow mein

Pour 4 portions

30 ml / 2 cuillères à soupe d'huile d'arachide (cacahuètes)

2 gousses d'ail, écrasées

450 g de poulet, tranché

225 g de pousses de bambou, tranchées

100 g de céleri, tranché

225 g/8 oz de champignons, tranchés

450 ml / ¾ pt / 2 tasses de bouillon de poulet

225 g / 8 oz de germes de soja

4 oignons, coupés en quartiers

30 ml / 2 cuillères à soupe de sauce soja

30 ml / 2 cuillères à soupe de farine de maïs (amidon de maïs)

225 g de nouilles chinoises séchées

Faites chauffer l'huile avec l'ail jusqu'à ce qu'ils soient dorés, puis ajoutez le poulet et faites-le revenir pendant 2 minutes jusqu'à ce qu'il soit doré. Ajoutez les pousses de bambou, le céleri et les champignons et faites revenir 3 minutes. Ajouter l'essentiel du bouillon, porter à ébullition, couvrir et cuire 8 minutes. Ajouter les germes de soja et les oignons et cuire 2 minutes en remuant jusqu'à ce qu'il reste un peu de bouillon. Mélangez le reste du bouillon avec la sauce soja et la farine de maïs. Incorporer dans la poêle et cuire en remuant jusqu'à ce que la sauce soit allégée et épaissie.

Pendant ce temps, faites cuire les pâtes dans de l'eau bouillante salée pendant quelques minutes, selon les instructions figurant sur l'emballage. Bien égoutter, mélanger avec le mélange de poulet et servir immédiatement.

Poulet épicé frit croustillant

Pour 4 portions

450 g de viande de poulet, coupée en morceaux

30 ml / 2 cuillères à soupe de sauce soja

30 ml / 2 cuillères à soupe de sauce aux prunes

45 ml/3 cuillères à soupe de chutney de mangue

1 gousse d'ail, écrasée

2,5 ml/½ cuillère à café de gingembre moulu

quelques gouttes de cognac

30 ml / 2 cuillères à soupe de farine de maïs (amidon de maïs)

2 oeufs battus

100 g / 4 oz / 1 tasse de chapelure sèche

30 ml / 2 cuillères à soupe d'huile d'arachide (cacahuètes)

6 oignons nouveaux (oignons verts), hachés

1 poivron rouge, coupé en dés

1 poivron vert, coupé en dés

30 ml / 2 cuillères à soupe de sauce soja

30 ml/2 cuillères à soupe de miel

30 ml/2 cuillères à soupe de vinaigre de vin

Placer le poulet dans un bol. Mélanger les sauces, les chutneys, l'ail, le gingembre et le brandy, verser sur le poulet, couvrir et laisser mariner 2 heures. Égoutter le poulet puis saupoudrer de semoule de maïs. Tremper dans les œufs puis dans la chapelure. Faites chauffer l'huile et faites frire le poulet jusqu'à ce qu'il soit doré. Retirer de la poêle. Ajouter les légumes, faire sauter pendant 4 minutes et retirer. Égoutter l'huile de la poêle et remettre le poulet et les légumes dans la poêle avec les autres ingrédients. Porter à ébullition et réchauffer avant de servir.

Poulet frit au concombre

Pour 4 portions

225 g de viande de poulet

1 blanc d'oeuf

2,5 ml/½ cuillère à café de farine de maïs (amidon de maïs)

sel

½ concombre

30 ml / 2 cuillères à soupe d'huile d'arachide (cacahuètes)

100 g de champignons

50 g de pousses de bambou coupées en lanières

50 g de jambon coupé en dés

15 ml / 1 cuillère à soupe d'eau

2,5 ml/½ cuillère à café de sel

2,5 ml/½ cuillère à café de vin de riz ou de xérès sec

2,5 ml/½ cuillère à café d'huile de sésame

Tranchez le poulet et coupez-le en petits morceaux. Mélanger avec le blanc d'œuf, la farine de maïs et le sel et laisser reposer. Coupez le concombre en deux dans le sens de la longueur et coupez-le en tranches épaisses en diagonale. Faites chauffer l'huile et faites revenir le poulet jusqu'à ce qu'il soit légèrement doré, puis retirez-le de la poêle. Ajoutez le concombre et les pousses de bambou et faites revenir 1 minute. Remettez le poulet dans la poêle avec le jambon, l'eau, le sel et le vin ou le xérès. Porter à ébullition et cuire jusqu'à ce que le poulet soit tendre. Servir arrosé d'huile de sésame.

Curry de poulet au poivre

Pour 4 portions

120 ml / 4 fl oz / ½ tasse d'huile d'arachide (cacahuètes)

4 morceaux de poulet

1 oignon haché

5 ml/1 cuillère à café de curry en poudre

5 ml / 1 cuillère à café de sauce chili

15 ml / 1 cuillère à soupe de vin de riz ou de xérès sec

2,5 ml/½ cuillère à café de sel

600 ml / 1 pt / 2½ tasses de bouillon de poulet
15 ml / 1 cuillère à soupe de farine de maïs (amidon de maïs)
45 ml / 3 cuillères à soupe d'eau
5 ml/1 cuillère à café d'huile de sésame

Faites chauffer l'huile et faites frire les morceaux de poulet jusqu'à ce qu'ils soient dorés des deux côtés, puis retirez-les de la poêle. Ajouter l'oignon, la poudre de curry et la sauce chili et faire sauter pendant 1 minute. Ajoutez le vin ou le xérès et le sel, mélangez bien, puis remettez le poulet dans la poêle et mélangez à nouveau. Ajouter le bouillon, porter à ébullition et cuire lentement environ 30 minutes jusqu'à ce que le poulet soit tendre. Si la sauce n'a pas suffisamment réduit, mélangez la maïzena et l'eau pour obtenir une pâte, ajoutez-en un peu à la sauce et faites cuire en remuant jusqu'à ce que la sauce épaississe. Servir arrosé d'huile de sésame.

Curry de poulet chinois

Pour 4 portions
45 ml/3 cuillères à soupe de poudre de curry
1 oignon, tranché
350 g/12 oz de poulet, coupé en dés
150 ml/¼ pt/beaucoup ½ tasse de bouillon de poulet
5 ml/1 cuillère à café de sel

10 ml / 2 cuillères à café de farine de maïs (amidon de maïs)
15 ml / 1 cuillère à soupe d'eau

Faites chauffer le curry et l'oignon dans une poêle sèche pendant 2 minutes, en secouant la poêle pour bien enrober l'oignon. Ajouter le poulet et remuer jusqu'à ce qu'il soit bien enrobé de curry. Ajouter le bouillon et le sel, porter à ébullition, couvrir et cuire environ 5 minutes jusqu'à ce que le poulet soit tendre. Fouetter ensemble la semoule de maïs et l'eau jusqu'à ce qu'elle forme une pâte, incorporer dans la poêle et cuire en remuant jusqu'à ce que la sauce épaississe.

Curry de poulet rapide

Pour 4 portions

450 g de poitrine de poulet, coupée en dés
45 ml / 3 cuillères à soupe de vin de riz ou de xérès sec
50 g de farine de maïs (amidon de maïs)
1 blanc d'oeuf

sel

150 ml/¼ pt/beaucoup ½ tasse d'huile d'arachide (cacahuètes)
15 ml/1 cuillère à soupe de curry en poudre
10 ml / 2 cuillères à café de cassonade
150 ml/¼ pt/beaucoup ½ tasse de bouillon de poulet

Incorporer les cubes de poulet et le xérès. Réservez 10 ml/2 cuillères à café de semoule de maïs. Battez les blancs d'œufs avec le reste de maïzena et une pincée de sel, puis incorporez le poulet jusqu'à ce qu'il soit bien enrobé. Faites chauffer l'huile et faites frire le poulet jusqu'à ce qu'il soit cuit et doré. Retirer de la poêle et égoutter tout sauf 15 ml/1 cuillère à soupe d'huile. Ajoutez la semoule de maïs réservée, la poudre de curry et le sucre et faites sauter pendant 1 minute. Ajouter le bouillon, porter à ébullition et cuire en remuant constamment jusqu'à ce que la sauce épaississe. Remettez le poulet dans la poêle, remuez et réchauffez avant de servir.

Curry de poulet aux pommes de terre

Pour 4 portions

45 ml / 3 cuillères à soupe d'huile d'arachide (cacahuètes)
2,5 ml/½ cuillère à café de sel
1 gousse d'ail, écrasée
750 g de poulet coupé en dés

225 g de pommes de terre, coupées en dés

4 oignons, coupés en quartiers

15 ml/1 cuillère à soupe de curry en poudre

450 ml / ¾ pt / 2 tasses de bouillon de poulet

225 g/8 oz de champignons, tranchés

Faites chauffer l'huile avec le sel et l'ail, ajoutez le poulet et faites-le frire jusqu'à ce qu'il soit doré. Ajoutez les pommes de terre, les oignons et la poudre de curry et faites sauter pendant 2 minutes. Ajouter le bouillon, porter à ébullition, couvrir et cuire environ 20 minutes jusqu'à ce que le poulet soit cuit, en remuant de temps en temps. Ajoutez les champignons, retirez le couvercle et laissez cuire encore 10 minutes jusqu'à ce que le liquide ait réduit.

Cuisses de poulet frites

Pour 4 portions

2 grosses cuisses de poulet, désossées

2 oignons nouveaux (échalote)

1 tranche de gingembre battue à plat

120 ml / 4 fl oz / ½ tasse de sauce soja
5 ml/1 cuillère à café de vin de riz ou de xérès sec
huile de friture
5 ml/1 cuillère à café d'huile de sésame
poivre fraîchement moulu

Répartissez la viande de poulet et marquez le tout. Incorporer 1 ciboulette et hacher l'autre. Mélangez la ciboulette écrasée avec le gingembre, la sauce soja et le vin ou le xérès. Verser sur le poulet et laisser mariner 30 minutes. Retirer et égoutter. Placer sur une assiette sur une grille vapeur et cuire à la vapeur pendant 20 minutes.

Faites chauffer l'huile et faites frire le poulet pendant environ 5 minutes jusqu'à ce qu'il soit doré. Retirer de la poêle, bien égoutter et couper en tranches épaisses, puis disposer les tranches sur un plat de service chaud. Faites chauffer l'huile de sésame, ajoutez la ciboulette hachée et le poivre, versez sur le poulet et servez.

Poulet frit à la sauce curry

Pour 4 portions
1 œuf légèrement battu
30 ml / 2 cuillères à soupe de farine de maïs (amidon de maïs)

25 g / 1 oz / ¼ tasse de farine nature (tout usage)
2,5 ml/½ cuillère à café de sel
225 g/8 oz de poulet, coupé en dés
huile de friture
30 ml / 2 cuillères à soupe d'huile d'arachide (cacahuètes)
30 ml/2 cuillères à soupe de curry en poudre
60 ml / 4 cuillères à soupe de vin de riz ou de xérès sec

Battez l'œuf avec la semoule de maïs, la farine et le sel jusqu'à obtenir une pâte épaisse. Verser sur le poulet et bien mélanger pour enrober. Faites chauffer l'huile et faites frire le poulet jusqu'à ce qu'il soit doré et bien cuit. Pendant ce temps, faites chauffer l'huile et faites revenir le curry en poudre pendant 1 minute. Ajoutez le vin ou le xérès et portez à ébullition. Disposez le poulet dans une assiette chaude et versez dessus la sauce curry.

poulet ivre

Pour 4 portions

450 g/1 lb de filet de poulet, coupé en morceaux

60 ml / 4 cuillères à soupe de sauce soja

30 ml/2 cuillères à soupe de sauce hoisin

30 ml / 2 cuillères à soupe de sauce aux prunes

30 ml/2 cuillères à soupe de vinaigre de vin

2 gousses d'ail, écrasées

pincée de sel

quelques gouttes d'huile de piment

2 blancs d'œufs

60 ml / 4 cuillères à soupe de farine de maïs (amidon de maïs)

huile de friture

200 ml / ½ pt / 1 ¼ tasse de vin de riz ou de xérès sec

Placer le poulet dans un bol. Mélangez les sauces et le vinaigre de vin, l'ail, l'huile, le sel et le poivre, versez sur le poulet et laissez mariner au réfrigérateur pendant 4 heures. Battez les blancs d'œufs en neige ferme et incorporez-les à la farine de maïs. Retirer le poulet de la marinade et l'enrober du mélange de blancs d'œufs. Faites chauffer l'huile et faites frire le poulet jusqu'à ce qu'il soit cuit et doré. Égouttez-les bien sur du papier absorbant et placez-les dans un bol. Versez le vin ou le xérès dessus, couvrez et laissez mariner au réfrigérateur pendant 12 heures. Retirez le poulet du vin et servez froid.

Poulet salé aux œufs

Pour 4 portions

30 ml / 2 cuillères à soupe d'huile d'arachide (cacahuètes)
4 morceaux de poulet
2 oignons nouveaux (oignons verts), hachés
1 gousse d'ail, écrasée
1 tranche de racine de gingembre, hachée
175 ml / 6 fl oz / ¾ tasse de sauce soja
30 ml / 2 cuillères à soupe de vin de riz ou de xérès sec
30 ml / 2 cuillères à soupe de cassonade
5 ml/1 cuillère à café de sel
375 ml / 13 fl oz / 1 1/2 tasse d'eau
4 œufs durs (à la coque)
15 ml / 1 cuillère à soupe de farine de maïs (amidon de maïs)

Faites chauffer l'huile et faites frire les morceaux de poulet jusqu'à ce qu'ils soient dorés. Ajoutez les échalotes, l'ail et le gingembre et faites sauter pendant 2 minutes. Ajoutez la sauce soja, le vin ou le xérès, le sucre et le sel et mélangez bien. Ajoutez de l'eau et portez à ébullition, couvrez et laissez cuire 20 minutes. Ajoutez les œufs durs, couvrez et laissez cuire encore 15 minutes. Mélangez la fécule de maïs avec un peu d'eau, ajoutez-la à la sauce et faites cuire en remuant jusqu'à ce que la sauce soit allégée et épaissie.

nems au poulet

Pour 4 portions

4 champignons chinois séchés
100 g de poulet coupé en lanières

5 ml / 1 cuillère à café de farine de maïs (amidon de maïs)

15 ml / 1 cuillère à soupe de sauce soja

2,5 ml/½ cuillère à café de sel

2,5 ml/½ cuillère à café de sucre

60 ml / 4 cuillères à soupe d'huile d'arachide (cacahuètes)

225 g / 8 oz de germes de soja

3 oignons nouveaux (oignons verts), hachés

100 g d'épinards

12 peaux de nems

1 œuf battu

huile de friture

Faites tremper les champignons dans l'eau tiède pendant 30 minutes et égouttez-les. Jetez les tiges et hachez le dessus. Placer le poulet dans un bol. Mélangez la maïzena avec 5 ml/1 cuillère à café de sauce soja, le sel et le sucre et ajoutez-la au poulet. Laissez reposer 15 minutes. Faites chauffer la moitié de l'huile et faites frire le poulet jusqu'à ce qu'il soit doré. Blanchir les germes de soja dans l'eau bouillante pendant 3 minutes et égoutter. Faites chauffer le reste de l'huile et faites revenir les échalotes jusqu'à ce qu'elles soient légèrement dorées. Incorporer les champignons, les germes de soja, les épinards et le reste de la sauce soja. Ajouter le poulet et faire revenir 2 minutes. Laisser refroidir. Déposez un peu de garniture au centre de chaque peau et badigeonnez les bords avec l'œuf battu. Pliez les côtés et enroulez les rouleaux en scellant les bords avec l'œuf. Faites chauffer l'huile et faites frire les petits pains jusqu'à ce qu'ils soient croustillants et dorés.

Poulet rôti aux œufs

Pour 4 portions

30 ml / 2 cuillères à soupe d'huile d'arachide (cacahuètes)
4 filets de poitrine de poulet coupés en lanières
1 poivron rouge, coupé en lanières
1 poivron vert, coupé en lanières
45 ml / 3 cuillères à soupe de sauce soja
45 ml / 3 cuillères à soupe de vin de riz ou de xérès sec
250 ml / 8 fl oz / 1 tasse de bouillon de poulet
100 g de laitue iceberg hachée
5 ml / 1 cuillère à café de cassonade
30 ml/2 cuillères à soupe de sauce hoisin
sel et poivre
15 ml / 1 cuillère à soupe de farine de maïs (amidon de maïs)
30 ml / 2 cuillères à soupe d'eau
4 œufs
30 ml / 2 cuillères à soupe de xérès

Faites chauffer l'huile et faites frire le poulet et le poivre jusqu'à ce qu'ils soient dorés. Ajoutez la sauce soja, le vin ou le sherry et le bouillon, portez à ébullition, couvrez et laissez mijoter 30 minutes. Ajouter la laitue, le sucre et la sauce hoisin et assaisonner de sel et de poivre. Mélanger la semoule de maïs et l'eau, incorporer à la sauce et porter à ébullition en remuant. Battez les œufs avec le xérès et faites-les frire en fines omelettes. Saupoudrer de sel et de poivre et couper en lanières. Disposer sur une assiette chaude et verser sur le poulet.

Poulet d'Extrême-Orient

Pour 4 portions

60 ml / 4 cuillères à soupe d'huile d'arachide (cacahuètes)

450 g de viande de poulet, coupée en morceaux

2 gousses d'ail, écrasées

2,5 ml/½ cuillère à café de sel

2 oignons, hachés

2 morceaux de tige de gingembre hachée

45 ml / 3 cuillères à soupe de sauce soja

30 ml/2 cuillères à soupe de sauce hoisin

45 ml / 3 cuillères à soupe de vin de riz ou de xérès sec

300 ml / ½ pt / 1¼ tasse de bouillon de poulet

5 ml/1 cuillère à café de poivre fraîchement moulu

6 œufs durs, hachés

15 ml / 1 cuillère à soupe de farine de maïs (amidon de maïs)

15 ml / 1 cuillère à soupe d'eau

Faites chauffer l'huile et faites frire le poulet jusqu'à ce qu'il soit doré. Ajouter l'ail, le sel, l'oignon et le gingembre et faire revenir pendant 2 minutes. Ajouter la sauce soja, la sauce hoisin, le vin ou le xérès, le bouillon et le poivre. Portez à ébullition, couvrez et laissez cuire 30 minutes. Ajoutez les œufs. Mélanger la semoule de maïs et l'eau et incorporer à la sauce. Porter à ébullition et cuire en remuant jusqu'à ce que la sauce épaississe.

Poulet Foo Yung

Pour 4 portions

6 oeufs battus
45 ml / 3 cuillères à soupe de farine de maïs (amidon de maïs)
100 g de champignons hachés grossièrement
225 g de poitrine de poulet coupée en dés
1 oignon, finement haché
5 ml/1 cuillère à café de sel
45 ml / 3 cuillères à soupe d'huile d'arachide (cacahuètes)

Battez les œufs puis la farine de maïs. Mélanger tous les autres ingrédients sauf l'huile. Chauffer l'huile. Versez le mélange dans la poêle petit à petit pour former des crêpes d'environ 3 cm de diamètre. Cuire jusqu'à ce que le fond soit doré, retourner et cuire l'autre côté.

Foo Yung au jambon et au poulet

Pour 4 portions

6 oeufs battus
45 ml / 3 cuillères à soupe de farine de maïs (amidon de maïs)
100 g de jambon coupé en dés
225 g de poitrine de poulet coupée en dés
3 oignons nouveaux (oignons verts), finement hachés
5 ml/1 cuillère à café de sel
45 ml / 3 cuillères à soupe d'huile d'arachide (cacahuètes)

Battez les œufs puis la farine de maïs. Mélanger tous les autres ingrédients sauf l'huile. Chauffer l'huile. Versez le mélange dans la poêle petit à petit pour former des crêpes d'environ 3 cm de diamètre. Cuire jusqu'à ce que le fond soit doré, retourner et cuire l'autre côté.

Poulet frit au gingembre

Pour 4 portions

1 poulet, coupé en deux
4 tranches de racine de gingembre, écrasées
30 ml / 2 cuillères à soupe de vin de riz ou de xérès sec
30 ml / 2 cuillères à soupe de sauce soja
5 ml/1 cuillère à café de sucre
huile de friture

Placer le poulet dans un bol peu profond. Mélangez le gingembre, le vin ou le xérès, la sauce soja et le sucre, versez sur le poulet et frottez la peau. Laisser mariner 1 heure. Faites chauffer l'huile et faites frire le poulet, moitié à la fois, jusqu'à ce qu'il soit légèrement doré. Retirer de l'huile et laisser refroidir légèrement pendant que vous chauffez l'huile. Remettez le poulet dans la poêle et faites-le frire jusqu'à ce qu'il soit doré et bien cuit. Bien égoutter avant de servir.

Poulet Au Gingembre

Pour 4 portions

225 g/8 oz de poulet, tranché finement

1 blanc d'oeuf

pincée de sel

2,5 ml/½ cuillère à café de farine de maïs (amidon de maïs)

15 ml / 1 cuillère à soupe d'huile d'arachide

10 tranches de racine de gingembre

6 champignons, coupés en deux

1 carotte, tranchée

2 oignons nouveaux (oignons verts), tranchés

5 ml/1 cuillère à café de vin de riz ou de xérès sec

5 ml/1 cuillère à café d'eau

2,5 ml/½ cuillère à café d'huile de sésame

Mélangez le poulet avec les blancs d'œufs, le sel et la farine de maïs. Faites chauffer la moitié de l'huile et faites frire le poulet jusqu'à ce qu'il soit légèrement doré, puis retirez-le de la poêle. Faites chauffer le reste de l'huile et faites revenir le gingembre, les champignons, les carottes et l'oignon nouveau pendant 3 minutes. Remettez le poulet dans la poêle avec le vin ou le xérès et l'eau et faites cuire jusqu'à ce que le poulet soit tendre. Servir arrosé d'huile de sésame.

Poulet au gingembre, champignons et châtaignes

Pour 4 portions

60 ml / 4 cuillères à soupe d'huile d'arachide (cacahuètes)
225 g d'oignons tranchés
450 g de viande de poulet, coupée en dés
100 g de champignons tranchés
30 ml / 2 cuillères à soupe de farine (tout usage)
60 ml / 4 cuillères à soupe de sauce soja
10 ml / 2 cuillères à café de sucre
sel et poivre fraîchement moulu
900 ml / 1½ pt / 3¾ tasses d'eau chaude
2 tranches de racine de gingembre, hachées
450 g de châtaignes d'eau

Faites chauffer la moitié de l'huile et faites revenir les oignons pendant 3 minutes, puis retirez-les de la poêle. Faites chauffer le reste de l'huile et faites frire le poulet jusqu'à ce qu'il soit légèrement doré.

Ajouter les champignons et cuire 2 minutes. Saupoudrez le mélange de farine, puis incorporez la sauce soja, le sucre, le sel et le poivre. Versez l'eau et le gingembre, les oignons et les châtaignes. Portez à ébullition, couvrez et laissez cuire doucement pendant 20 minutes. Retirez le couvercle et laissez mijoter jusqu'à ce que la sauce ait réduit.

Poulet doré

Pour 4 portions

8 petits morceaux de poulet
300 ml / ½ pt / 1¼ tasse de bouillon de poulet
45 ml / 3 cuillères à soupe de sauce soja
15 ml / 1 cuillère à soupe de vin de riz ou de xérès sec
5 ml/1 cuillère à café de sucre
1 racine de gingembre, tranchée, hachée

Mettez tous les ingrédients dans une grande casserole, portez à ébullition, couvrez et laissez cuire environ 30 minutes jusqu'à ce que le poulet soit cuit. Retirez le couvercle et poursuivez la cuisson jusqu'à ce que la sauce ait réduit.

Ragoût de poulet doré mariné

Pour 4 portions

4 morceaux de poulet

300 ml / ½ pt / 1 ¼ tasse de sauce soja

huile de friture

4 oignons nouveaux (oignons verts), tranchés épaissement

1 tranche de racine de gingembre, hachée

2 poivrons rouges, tranchés

3 gousses d'anis étoilé

50 g de pousses de bambou, tranchées

150 ml/1 ½ pt/beaucoup ½ tasse de bouillon de poulet

30 ml / 2 cuillères à soupe de farine de maïs (amidon de maïs)

60 ml / 4 cuillères à soupe d'eau

5 ml/1 cuillère à café d'huile de sésame

Coupez le poulet en gros morceaux et laissez-le mariner dans la sauce soja pendant 10 minutes. Retirer et égoutter en réservant la sauce soja. Faites chauffer l'huile et faites frire le poulet pendant environ 2 minutes jusqu'à ce qu'il soit doré. Retirer et égoutter. Versez tout sauf 30 ml/2 cuillères à soupe d'huile, puis ajoutez les oignons nouveaux, le gingembre, le poivre et l'anis étoilé et faites revenir pendant 1 minute. Remettez le poulet dans la marmite avec les pousses de bambou et la sauce soja réservée et ajoutez suffisamment de bouillon pour couvrir le poulet. Porter à ébullition et cuire environ 10 minutes jusqu'à ce que le poulet soit tendre. Retirez le poulet de la sauce avec une écumoire et placez-le sur une assiette chaude. Filtrez la sauce et remettez-la dans la casserole. Fouetter ensemble la semoule de maïs et l'eau jusqu'à ce qu'elle forme une pâte, ajouter à la sauce et cuire en remuant jusqu'à ce que la sauce épaississe.

Pièces d'or

Pour 4 portions

4 filets de poitrine de poulet

30 ml/2 cuillères à soupe de miel

30 ml/2 cuillères à soupe de vinaigre de vin

30 ml/2 cuillères à soupe de ketchup aux tomates (catsup)

30 ml / 2 cuillères à soupe de sauce soja

pincée de sel

2 gousses d'ail, écrasées

5 ml/1 cuillère à café de poudre de cinq épices

45 ml / 3 cuillères à soupe de farine (tout usage)

2 oeufs battus

5 ml/1 cuillère à café de gingembre râpé

5 ml / 1 cuillère à café de zeste de citron râpé

100 g / 4 oz / 1 tasse de chapelure sèche

huile de friture

Placer le poulet dans un bol. Mélangez le miel, le vinaigre de vin, le ketchup, la sauce soja, le sel, l'ail et la poudre de cinq épices. Verser sur le poulet, bien mélanger, couvrir et laisser mariner au réfrigérateur 12 heures.

Retirez le poulet de la marinade et coupez-le en lanières épaisses. Saupoudrer de farine. Battez les œufs, le gingembre et le zeste de citron. Draguez le poulet dans le mélange puis dans la chapelure jusqu'à ce qu'il soit bien enrobé. Faites chauffer l'huile et faites frire le poulet jusqu'à ce qu'il soit doré.

Poulet vapeur au jambon

Pour 4 portions

4 portions de poulet
100 g de jambon fumé haché
3 oignons nouveaux (oignons verts), hachés
15 ml / 1 cuillère à soupe d'huile d'arachide
sel et poivre fraîchement moulu
15 ml / 1 cuillère à soupe de persil plat

Coupez les portions de poulet en morceaux de 5 cm/1 cm et placez-les dans un bol résistant à la chaleur avec le jambon et les oignons nouveaux. Arroser d'huile d'olive et assaisonner de sel et de poivre, puis mélanger délicatement les ingrédients. Placez le bol sur une grille dans un cuiseur vapeur, couvrez et faites cuire dans l'eau bouillante pendant environ 40 minutes jusqu'à ce que le poulet soit tendre. Servir garni de persil.

Poulet à la sauce Hoisin

Pour 4 portions

4 morceaux de poulet, coupés en deux
50 g / 2 onces / ½ tasse de farine de maïs (amidon de maïs)
huile de friture
10 ml / 2 cuillères à café de racine de gingembre râpée
2 oignons, hachés
225 g de fleurons de brocoli
1 poivron rouge, haché
225 g de champignons
250 ml / 8 fl oz / 1 tasse de bouillon de poulet
45 ml / 3 cuillères à soupe de vin de riz ou de xérès sec
45 ml / 3 cuillères à soupe de vinaigre de cidre
45 ml/3 cuillères à soupe de sauce hoisin
20 ml/4 cuillères à café de sauce soja

Trempez les morceaux de poulet dans la moitié de la semoule de maïs. Faites chauffer l'huile et faites frire les morceaux de poulet, quelques-uns à la fois, pendant environ 8 minutes, jusqu'à ce qu'ils soient dorés et bien cuits. Retirer de la poêle et égoutter sur du papier absorbant. Retirez tout l'huile de la poêle sauf 30 ml/2 cuillères à soupe et faites revenir le gingembre pendant 1 minute. Ajouter l'oignon et faire revenir 1 minute. Ajouter le brocoli, le poivron et les champignons et faire sauter pendant 2 minutes. Mélanger le bouillon avec la semoule de maïs réservée et le reste des ingrédients et ajouter à la casserole. Porter à ébullition en remuant et cuire jusqu'à ce que la sauce soit claire. Remettez le poulet dans le wok et faites cuire en remuant pendant environ 3 minutes jusqu'à ce qu'il soit bien chaud.

poulet au miel

Pour 4 portions

30 ml / 2 cuillères à soupe d'huile d'arachide (cacahuètes)
4 morceaux de poulet
30 ml / 2 cuillères à soupe de sauce soja
120 ml / 4 fl oz / ½ tasse de vin de riz ou de xérès sec
30 ml/2 cuillères à soupe de miel
5 ml/1 cuillère à café de sel

1 échalote (oignon vert), hachée

1 tranche de racine de gingembre, hachée finement

Faites chauffer l'huile et faites frire le poulet jusqu'à ce qu'il soit doré de tous les côtés. Égoutter l'excès d'huile. Mélangez les autres ingrédients et versez-les dans la poêle. Portez à ébullition, couvrez et laissez cuire environ 40 minutes jusqu'à ce que le poulet soit cuit.

Poulet Kung Pao

Pour 4 portions

450 g de poulet, coupé en dés

1 blanc d'oeuf

5 ml/1 cuillère à café de sel

30 ml / 2 cuillères à soupe de farine de maïs (amidon de maïs)

60 ml / 4 cuillères à soupe d'huile d'arachide (cacahuètes)

25 g / 1 oz de poivrons rouges séchés, parés

5 ml/1 cuillère à café d'ail émincé

15 ml / 1 cuillère à soupe de sauce soja

15 ml/1 cuillère à soupe de vin de riz ou de xérès sec 5 ml/1 cuillère à café de sucre

5 ml/1 cuillère à café de vinaigre de vin

5 ml/1 cuillère à café d'huile de sésame

30 ml / 2 cuillères à soupe d'eau

Placer le poulet dans un bol avec les blancs d'œufs, le sel et la moitié de la farine de maïs et laisser mariner 30 minutes. Faites chauffer l'huile et faites revenir le poulet jusqu'à ce qu'il soit légèrement doré, puis retirez-le de la poêle. Faites chauffer l'huile et faites revenir les poivrons et l'ail pendant 2 minutes. Remettez le poulet dans la poêle avec la sauce soja, le vin ou le xérès, le sucre, le vinaigre de vin et l'huile de sésame et faites sauter pendant 2 minutes. Mélanger le reste de la semoule de maïs avec l'eau, incorporer dans la casserole et cuire en remuant jusqu'à ce que la sauce soit allégée et épaissie.

Poulet aux poireaux

Pour 4 portions

30 ml / 2 cuillères à soupe d'huile d'arachide (cacahuètes)
5 ml/1 cuillère à café de sel
225 g de poireaux tranchés
1 tranche de racine de gingembre, hachée
225 g/8 oz de poulet, tranché finement
15 ml / 1 cuillère à soupe de vin de riz ou de xérès sec
15 ml / 1 cuillère à soupe de sauce soja

Faites chauffer la moitié de l'huile et faites revenir le sel et les poireaux jusqu'à ce qu'ils soient légèrement dorés, puis retirez-les de la poêle. Faites chauffer le reste de l'huile et faites revenir le gingembre et le poulet jusqu'à ce qu'ils soient légèrement dorés. Ajoutez le vin ou le xérès et la sauce soja et faites sauter encore 2 minutes jusqu'à ce que le poulet soit cuit. Remettez les poireaux dans la poêle et remuez jusqu'à ce qu'ils soient bien chauds. Sers immédiatement.

Poulet Au Citron

Pour 4 portions

4 poitrines de poulet désossées

2 oeufs

50 g / 2 onces / ½ tasse de farine de maïs (amidon de maïs)

50 g / 2 onces / ½ tasse de farine nature (tout usage)

150 ml/¼ pt/beaucoup ½ tasse d'eau

huile d'arachide (cacahuètes) pour la friture

250 ml / 8 fl oz / 1 tasse de bouillon de poulet

60 ml / 5 cuillères à soupe de jus de citron

30 ml / 2 cuillères à soupe de vin de riz ou de xérès sec

30 ml / 2 cuillères à soupe de farine de maïs (amidon de maïs)
30 ml / 2 cuillères à soupe de purée de tomates (pâte)
1 tête de laitue

Coupez chaque poitrine de poulet en 4 morceaux. Battez les œufs, la semoule de maïs et la farine de blé en ajoutant juste assez d'eau pour obtenir une pâte épaisse. Placer les morceaux de poulet dans la pâte et mélanger jusqu'à ce qu'ils soient bien enrobés. Faites chauffer l'huile et faites frire le poulet jusqu'à ce qu'il soit doré et bien cuit.

Pendant ce temps, mélangez le bouillon, le jus de citron, le vin ou le xérès, la maïzena et la purée de tomates et faites chauffer doucement en remuant jusqu'à ce que le mélange bout. Laisser mijoter en remuant constamment jusqu'à ce que la sauce épaississe et devienne claire. Disposez le poulet dans une assiette chaude sur un lit de feuilles de laitue et versez dessus la sauce ou servez à côté.

Poulet frit au citron

Pour 4 portions

450 g/1 lb de poulet désossé, tranché
30 ml / 2 cuillères à soupe de jus de citron
15 ml / 1 cuillère à soupe de sauce soja
15 ml / 1 cuillère à soupe de vin de riz ou de xérès sec
30 ml / 2 cuillères à soupe de farine de maïs (amidon de maïs)
30 ml / 2 cuillères à soupe d'huile d'arachide (cacahuètes)
2,5 ml/½ cuillère à café de sel
2 gousses d'ail, écrasées
50 g de châtaignes d'eau coupées en lamelles

50 g de pousses de bambou coupées en lanières

quelques feuilles chinoises coupées en lanières

60 ml / 4 cuillères à soupe de bouillon de poulet

15 ml / 1 cuillère à soupe de purée de tomates (pâte)

15 ml / 1 cuillère à soupe de sucre

15 ml / 1 cuillère à soupe de jus de citron

Placer le poulet dans un bol. Fouettez ensemble le jus de citron, la sauce soja, le vin ou le xérès et 15 ml/1 cuillère à soupe de maïzena, versez sur le poulet et laissez mariner 1 heure en remuant de temps en temps.

Faites chauffer l'huile, le sel et l'ail jusqu'à ce que l'ail soit légèrement doré, puis ajoutez le poulet et la marinade et faites revenir environ 5 minutes jusqu'à ce que le poulet soit légèrement doré. Ajoutez les châtaignes d'eau, les pousses de bambou et les feuilles de Chine et faites revenir encore 3 minutes ou jusqu'à ce que le poulet soit cuit. Ajouter le reste des ingrédients et faire sauter pendant environ 3 minutes jusqu'à ce que la sauce soit légère et épaissie.

Foies de volaille aux pousses de bambou

Pour 4 portions

225 g de foie de volaille tranché épaisse

45 ml / 3 cuillères à soupe de vin de riz ou de xérès sec
45 ml / 3 cuillères à soupe d'huile d'arachide (cacahuètes)
15 ml / 1 cuillère à soupe de sauce soja
100 g de pousses de bambou, tranchées
100 g de châtaignes d'eau tranchées
60 ml / 4 cuillères à soupe de bouillon de poulet
sel et poivre fraîchement moulu

Mélangez les foies de poulet avec le vin ou le xérès et laissez reposer 30 minutes. Faites chauffer l'huile et faites frire les foies de poulet jusqu'à ce qu'ils soient légèrement dorés. Ajouter la marinade, la sauce soja, les pousses de bambou, les châtaignes d'eau et le bouillon. Porter à ébullition et assaisonner de sel et de poivre. Couvrir et cuire environ 10 minutes jusqu'à tendreté.

Foie De Poulet Frit

Pour 4 portions

450 g de foies de poulet coupés en deux
50 g / 2 onces / ½ tasse de farine de maïs (amidon de maïs)
huile de friture

Séchez les foies de poulet et saupoudrez-les de semoule de maïs en secouant l'excédent. Faites chauffer l'huile et faites frire les foies de poulet pendant quelques minutes jusqu'à ce qu'ils soient dorés et bien cuits. Égoutter sur du papier absorbant avant de servir.

Foie de volaille aux pois mange-tout

Pour 4 portions
225 g de foie de volaille tranché épaisse
10 ml / 2 cuillères à café de farine de maïs (amidon de maïs)
10 ml / 2 cuillères à café de vin de riz ou de xérès sec
15 ml / 1 cuillère à soupe de sauce soja
45 ml / 3 cuillères à soupe d'huile d'arachide (cacahuètes)
2,5 ml/½ cuillère à café de sel
2 tranches de racine de gingembre, hachées

100 g / 4 oz de pois mange-tout (pois)
10 ml / 2 cuillères à café de farine de maïs (amidon de maïs)
60 ml / 4 cuillères à soupe d'eau

Placer les foies de volaille dans un bol. Ajouter la semoule de maïs, le vin ou le xérès et la sauce soja et bien mélanger pour enrober. Faites chauffer la moitié de l'huile et faites revenir le sel et le gingembre jusqu'à ce qu'ils soient dorés. Ajoutez les pois mange-tout et faites-les frire jusqu'à ce qu'ils soient bien enrobés d'huile, puis retirez-les de la poêle. Faites chauffer le reste de l'huile et faites frire les foies de poulet pendant 5 minutes jusqu'à ce qu'ils soient cuits. Fouetter la semoule de maïs et l'eau jusqu'à ce qu'une pâte se forme, incorporer dans la poêle et cuire en remuant jusqu'à ce que la sauce soit légère et épaissie. Remettez les pois mange-tout dans la poêle et faites-les cuire jusqu'à ce qu'ils soient bien chauds.

Foie de poulet à la pâte à crêpes

Pour 4 portions

30 ml / 2 cuillères à soupe d'huile d'arachide (cacahuètes)
1 oignon, tranché
450 g de foies de poulet coupés en deux
2 branches de céleri, tranchées
120 ml / 4 fl oz / ½ tasse de bouillon de poulet

15 ml / 1 cuillère à soupe de farine de maïs (amidon de maïs)
15 ml / 1 cuillère à soupe de sauce soja
30 ml / 2 cuillères à soupe d'eau
crêpe macaroni

Faites chauffer l'huile et faites revenir l'oignon jusqu'à ce qu'il soit ramolli. Ajouter les foies de poulet et faire revenir jusqu'à ce qu'ils soient dorés. Ajoutez le céleri et faites revenir 1 minute. Ajoutez le bouillon, portez à ébullition, couvrez et laissez cuire 5 minutes. Fouetter ensemble la semoule de maïs, la sauce soja et l'eau jusqu'à ce qu'elle forme une pâte, ajouter dans la poêle et cuire en remuant jusqu'à ce que la sauce soit légère et épaissie. Versez le mélange sur la crêpe macaroni et servez.

Foie de poulet à la sauce d'huîtres

Pour 4 portions

45 ml / 3 cuillères à soupe d'huile d'arachide (cacahuètes)
1 oignon haché
225 g de foies de poulet, coupés en deux

100 g de champignons tranchés
30 ml / 2 cuillères à soupe de sauce aux huîtres
15 ml / 1 cuillère à soupe de sauce soja
15 ml / 1 cuillère à soupe de vin de riz ou de xérès sec
120 ml / 4 fl oz / ½ tasse de bouillon de poulet
5 ml/1 cuillère à café de sucre
15 ml / 1 cuillère à soupe de farine de maïs (amidon de maïs)
45 ml / 3 cuillères à soupe d'eau

Faites chauffer la moitié de l'huile et faites revenir l'oignon jusqu'à ce qu'il soit doré. Ajouter les foies de poulet et faire revenir jusqu'à ce qu'ils soient dorés. Ajoutez les champignons et faites revenir 2 minutes. Mélanger la sauce aux huîtres, la sauce soja, le vin ou le xérès, le bouillon et le sucre, verser dans une casserole et porter à ébullition en remuant. Fouettez ensemble la semoule de maïs et l'eau jusqu'à ce qu'elle forme une pâte, ajoutez-la à la poêle et faites cuire en remuant jusqu'à ce que la sauce soit légère et épaissie et que les foies soient tendres.

Foie de poulet à l'ananas

Pour 4 portions

225 g de foies de poulet, coupés en deux
45 ml / 3 cuillères à soupe d'huile d'arachide (cacahuètes)
30 ml / 2 cuillères à soupe de sauce soja

15 ml / 1 cuillère à soupe de farine de maïs (amidon de maïs)
15 ml / 1 cuillère à soupe de sucre
15 ml / 1 cuillère à soupe de vinaigre de vin
sel et poivre fraîchement moulu
100 g de morceaux d'ananas
60 ml / 4 cuillères à soupe de bouillon de poulet

Blanchir les foies de volaille dans l'eau bouillante pendant 30 secondes et les égoutter. Faites chauffer l'huile et faites frire les foies de poulet pendant 30 secondes. Mélangez la sauce soja, la maïzena, le sucre, le vinaigre de vin, le sel et le poivre, versez dans la poêle et mélangez bien pour enrober les foies de volaille. Ajouter les morceaux d'ananas et le bouillon et faire revenir environ 3 minutes jusqu'à ce que les foies soient cuits.

Foie de poulet aigre-doux

Pour 4 portions

30 ml / 2 cuillères à soupe d'huile d'arachide (cacahuètes)
450 g/1 lb de foie de poulet, coupé en quartiers

2 poivrons verts, coupés en morceaux

4 tranches d'ananas en conserve, coupées en morceaux

60 ml / 4 cuillères à soupe de bouillon de poulet

30 ml / 2 cuillères à soupe de farine de maïs (amidon de maïs)

10 ml/2 cuillères à café de sauce soja

100g / 4oz / ½ tasse de sucre

120 ml / 4 fl oz / ½ tasse de vinaigre de vin

120 ml / 4 fl oz / ½ tasse d'eau

Faites chauffer l'huile et faites frire les foies jusqu'à ce qu'ils soient légèrement dorés, puis transférez-les dans une assiette chaude. Ajouter les poivrons dans la poêle et faire revenir 3 minutes. Ajoutez l'ananas et le bouillon, portez à ébullition, couvrez et laissez cuire 15 minutes. Fouetter le reste des ingrédients ensemble pour former une pâte, incorporer dans la poêle et cuire en remuant jusqu'à ce que la sauce épaississe. Verser sur les foies de volaille et servir.

Poulet aux litchis

Pour 4 portions

3 poitrines de poulet

60 ml / 4 cuillères à soupe de farine de maïs (amidon de maïs)

45 ml / 3 cuillères à soupe d'huile d'arachide (cacahuètes)

5 oignons nouveaux (oignons verts), tranchés

1 poivron rouge, coupé en morceaux

120 ml / 4 fl oz / ½ tasse de sauce tomate

120 ml / 4 fl oz / ½ tasse de bouillon de poulet

5 ml/1 cuillère à café de sucre

275 g de litchis pelés

Coupez les poitrines de poulet en deux, retirez et jetez les os et la peau. Coupez chaque poitrine en 6. Réservez 5 ml/1 cuillère à café de maïzena et mélangez le poulet avec le reste jusqu'à ce qu'il soit bien enrobé. Faites chauffer l'huile et faites frire le poulet pendant environ 8 minutes jusqu'à ce qu'il soit doré. Ajoutez la ciboulette et le poivre et faites revenir 1 minute. Ajoutez la sauce tomate, la moitié du bouillon et le sucre et mélangez au wok avec les litchis. Portez à ébullition, couvrez et laissez cuire environ 10 minutes jusqu'à ce que le poulet soit cuit. Incorporer la semoule de maïs et le bouillon réservés, puis incorporer dans la poêle. Cuire en remuant jusqu'à ce que la sauce s'éclaircisse et épaississe.

Poulet à la sauce litchi

Pour 4 portions

225 g de poulet

1 oignon nouveau (oignon vert)

4 châtaignes d'eau

30 ml / 2 cuillères à soupe de farine de maïs (amidon de maïs)

45 ml / 3 cuillères à soupe de sauce soja

30 ml / 2 cuillères à soupe de vin de riz ou de xérès sec

2 blancs d'œufs

huile de friture

400 g / 14 oz de litchis au sirop en conserve

5 cuillères à soupe de bouillon de poulet

Hachez (écrasez) le poulet avec la ciboulette et les châtaignes d'eau. Mélangez la moitié de la maïzena, 30 ml/2 cuillères à soupe de sauce soja, le vin ou le xérès et les blancs d'œufs. Formez avec le mélange des boules de la taille d'une noix. Faites chauffer l'huile et faites frire le poulet jusqu'à ce qu'il soit doré. Égoutter sur du papier absorbant.

Pendant ce temps, faites chauffer doucement le sirop de litchi avec le bouillon et la sauce soja réservée. Mélangez le reste de la semoule de maïs avec un peu d'eau, incorporez-la dans la poêle et faites cuire en remuant jusqu'à ce que la sauce s'éclaircisse et épaississe. Ajouter les litchis et porter à légère ébullition pour bien réchauffer. Disposez le poulet sur une assiette chaude, versez dessus les litchis et la sauce, puis servez.

Poulet aux pois mange-tout

Pour 4 portions

225 g/8 oz de poulet, tranché finement
5 ml / 1 cuillère à café de farine de maïs (amidon de maïs)
5 ml/1 cuillère à café de vin de riz ou de xérès sec
5 ml/1 cuillère à café d'huile de sésame
1 blanc d'œuf légèrement battu
45 ml / 3 cuillères à soupe d'huile d'arachide (cacahuètes)
1 gousse d'ail, écrasée
1 tranche de racine de gingembre, hachée
100 g / 4 oz de pois mange-tout (pois)
120 ml / 4 fl oz / ½ tasse de bouillon de poulet
sel et poivre fraîchement moulu

Mélangez le poulet avec la maïzena, le vin ou le xérès, l'huile de sésame et le blanc d'œuf. Faites chauffer la moitié de l'huile et faites revenir l'ail et le gingembre jusqu'à ce qu'ils soient légèrement dorés. Ajouter le poulet et faire revenir jusqu'à ce qu'il soit doré et retirer de la poêle. Faites chauffer le reste de l'huile et faites revenir les pois mange-tout pendant 2 minutes. Ajoutez le bouillon, portez à ébullition, couvrez et laissez cuire 2 minutes. Remettez le poulet dans la poêle et assaisonnez de sel et de poivre. Cuire doucement jusqu'à ce que le tout soit bien chaud.

Poulet à la mangue

Pour 4 portions

100 g/4 onces/1 tasse de farine nature (tout usage)

250 ml / 8 fl oz / 1 tasse d'eau

2,5 ml/½ cuillère à café de sel

pincée de levure chimique

3 poitrines de poulet

huile de friture

1 tranche de racine de gingembre, hachée

150 ml/¼ pt/beaucoup ½ tasse de bouillon de poulet

45 ml/3 cuillères à soupe de vinaigre de vin

45 ml / 3 cuillères à soupe de vin de riz ou de xérès sec

20 ml/4 cuillères à café de sauce soja

10 ml / 2 cuillères à café de sucre

10 ml / 2 cuillères à café de farine de maïs (amidon de maïs)

5 ml/1 cuillère à café d'huile de sésame

5 oignons nouveaux (oignons verts), tranchés

400 g de mangue en conserve, égouttée et coupée en lanières

Mélangez la farine, l'eau, le sel et la levure. Laissez reposer 15 minutes. Retirez et jetez la peau et les os du poulet. Coupez le poulet en fines lanières. Mélangez-les au mélange de farine. Faites chauffer l'huile et faites frire le poulet pendant environ 5 minutes jusqu'à ce qu'il soit doré. Retirer de la poêle et égoutter sur du papier absorbant. Retirez tout l'huile du wok sauf 15 ml/1 cuillère à soupe et faites frire le gingembre jusqu'à ce qu'il soit légèrement doré. Mélangez le bouillon avec le vin, le vinaigre de vin ou de Xérès, la sauce soja, le sucre, la farine de maïs et l'huile de sésame. Ajouter à la casserole et porter à ébullition en remuant. Ajoutez la ciboulette et faites revenir 3 minutes. Ajouter le poulet et la mangue et cuire 2 minutes en remuant.

Melon farci au poulet

Pour 4 portions

350 g de viande de poulet

6 châtaignes d'eau

2 pétoncles décortiqués

4 tranches de racine de gingembre

5 ml/1 cuillère à café de sel

15 ml / 1 cuillère à soupe de sauce soja

600 ml / 1 pt / 2½ tasses de bouillon de poulet

8 petits ou 4 melons cantaloup moyens

Hachez finement le poulet, les châtaignes, les Saint-Jacques et le gingembre et assaisonnez avec du sel, de la sauce soja et du bouillon. Coupez le dessus des melons et retirez les graines. S'adapte sur les bords supérieurs. Remplissez les melons avec le mélange de poulet et placez-les sur une grille vapeur. Cuire à la vapeur dans l'eau bouillante pendant 40 minutes jusqu'à ce que le poulet soit cuit.

Poulet Braisé Et Champignons

Pour 4 portions

45 ml / 3 cuillères à soupe d'huile d'arachide (cacahuètes)
1 gousse d'ail, écrasée
1 échalote (oignon vert), hachée
1 tranche de racine de gingembre, hachée
225 g de poitrine de poulet, tranchée
225 g de champignons
45 ml / 3 cuillères à soupe de sauce soja
15 ml / 1 cuillère à soupe de vin de riz ou de xérès sec
5 ml / 1 cuillère à café de farine de maïs (amidon de maïs)

Faites chauffer l'huile et faites revenir l'ail, l'échalote et le gingembre jusqu'à ce qu'ils soient légèrement dorés. Ajouter le poulet et faire revenir 5 minutes. Ajouter les champignons et faire revenir 3 minutes. Ajoutez la sauce soja, le vin ou le xérès et la maïzena et faites sauter pendant environ 5 minutes jusqu'à ce que le poulet soit cuit.

Poulet aux champignons et cacahuètes

Pour 4 portions

30 ml / 2 cuillères à soupe d'huile d'arachide (cacahuètes)
2 gousses d'ail, écrasées
1 tranche de racine de gingembre, hachée
450 g/1 lb de poulet désossé, coupé en dés
225 g de champignons
100 g de pousses de bambou coupées en lanières
1 poivron vert, coupé en dés
1 poivron rouge, coupé en dés
250 ml / 8 fl oz / 1 tasse de bouillon de poulet
30 ml / 2 cuillères à soupe de vin de riz ou de xérès sec
15 ml / 1 cuillère à soupe de sauce soja
15 ml / 1 cuillère à soupe de sauce Tabasco
30 ml / 2 cuillères à soupe de farine de maïs (amidon de maïs)
30 ml / 2 cuillères à soupe d'eau

Faites chauffer l'huile, l'ail et le gingembre jusqu'à ce que l'ail soit légèrement doré. Ajouter le poulet et faire revenir jusqu'à ce qu'il soit légèrement doré. Ajoutez les champignons, les pousses de bambou et les poivrons et faites revenir 3 minutes. Ajouter le bouillon, le vin ou le xérès, la sauce soja et la sauce Tabasco et porter à ébullition en remuant. Couvrir et cuire environ 10 minutes jusqu'à ce que le poulet soit cuit. Mélangez la semoule de maïs et l'eau et incorporez-la à la sauce. Cuire en remuant jusqu'à ce que la sauce soit allégée et épaissie, en ajoutant un peu plus de bouillon ou d'eau si la sauce est trop épaisse.

Poulet Rôti Aux Champignons

Pour 4 portions

6 champignons chinois séchés
1 poitrine de poulet, tranchée finement
1 tranche de racine de gingembre, hachée
2 oignons nouveaux (oignons verts), hachés
15 ml / 1 cuillère à soupe de farine de maïs (amidon de maïs)
15 ml / 1 cuillère à soupe de vin de riz ou de xérès sec
30 ml / 2 cuillères à soupe d'eau
2,5 ml/½ cuillère à café de sel
45 ml / 3 cuillères à soupe d'huile d'arachide (cacahuètes)
225 g/8 oz de champignons, tranchés
100 g de germes de soja
15 ml / 1 cuillère à soupe de sauce soja
5 ml/1 cuillère à café de sucre
120 ml / 4 fl oz / ½ tasse de bouillon de poulet

Faites tremper les champignons dans l'eau tiède pendant 30 minutes et égouttez-les. Jetez les tiges et coupez les sommets. Placer le poulet dans un bol. Mélangez le gingembre, l'échalote, la maïzena, le vin ou le xérès, l'eau et le sel, ajoutez au poulet et laissez reposer 1 heure. Faites chauffer la moitié de l'huile et faites frire le poulet jusqu'à ce qu'il soit légèrement doré, puis retirez-le de la poêle. Faites chauffer le reste de l'huile et faites revenir les champignons séchés et frais ainsi que les germes de soja pendant 3 minutes. Ajoutez la sauce soja, le sucre et le bouillon, portez à ébullition, couvrez et laissez cuire 4 minutes jusqu'à ce que les légumes soient tendres. Remettez le poulet dans la poêle, mélangez bien et réchauffez doucement avant de servir.

Poulet vapeur aux champignons

Pour 4 portions

4 morceaux de poulet
30 ml / 2 cuillères à soupe de farine de maïs (amidon de maïs)
30 ml / 2 cuillères à soupe de sauce soja
3 oignons nouveaux (oignons verts), hachés
2 tranches de racine de gingembre, hachées
2,5 ml/½ cuillère à café de sel
100 g de champignons tranchés

Coupez les morceaux de poulet en morceaux de 5 cm/2 cm et placez-les dans un bol résistant à la chaleur. Mélangez la maïzena et la sauce soja pour former une pâte, ajoutez les oignons nouveaux, le gingembre et le sel et mélangez bien avec le poulet. Incorporer délicatement les champignons. Placez le bol sur une grille dans un cuiseur vapeur, couvrez et faites cuire dans l'eau bouillante pendant environ 35 minutes jusqu'à ce que le poulet soit tendre.

Poulet à l'oignon

Pour 4 portions

60 ml / 4 cuillères à soupe d'huile d'arachide (cacahuètes)
2 oignons, hachés
450 g de poulet, tranché
30 ml / 2 cuillères à soupe de vin de riz ou de xérès sec
250 ml / 8 fl oz / 1 tasse de bouillon de poulet
45 ml / 3 cuillères à soupe de sauce soja
30 ml / 2 cuillères à soupe de farine de maïs (amidon de maïs)
45 ml / 3 cuillères à soupe d'eau

Faites chauffer l'huile et faites revenir l'oignon jusqu'à ce qu'il soit légèrement doré. Ajouter le poulet et faire revenir jusqu'à ce qu'il soit légèrement doré. Ajoutez le vin ou le xérès, le bouillon et la sauce soja, portez à ébullition, couvrez et laissez cuire 25 minutes jusqu'à ce que le poulet soit tendre. Fouetter la semoule de maïs et l'eau jusqu'à ce qu'une pâte se forme, incorporer dans la poêle et cuire en remuant jusqu'à ce que la sauce soit légère et épaissie.

Poulet à l'orange et au citron

Pour 4 portions

350 g de viande de poulet, coupée en lanières

30 ml / 2 cuillères à soupe d'huile d'arachide (cacahuètes)

2 gousses d'ail, écrasées

2 tranches de racine de gingembre, hachées

le zeste râpé d'une ½ orange

le zeste râpé d'un demi citron

45 ml / 3 cuillères à soupe de jus d'orange

45 ml / 3 cuillères à soupe de jus de citron

15 ml / 1 cuillère à soupe de sauce soja

3 oignons nouveaux (oignons verts), hachés

15 ml / 1 cuillère à soupe de farine de maïs (amidon de maïs)

45 ml / 1 cuillère à soupe d'eau

Blanchir le poulet dans l'eau bouillante pendant 30 secondes et l'égoutter. Faites chauffer l'huile et faites revenir l'ail et le gingembre pendant 30 secondes. Ajouter le zeste et le jus d'orange et de citron, la sauce soja et les oignons nouveaux et faire revenir pendant 2 minutes. Ajouter le poulet et cuire quelques minutes jusqu'à ce que le poulet soit tendre. Fouetter ensemble la semoule de maïs et l'eau jusqu'à ce qu'elle forme une pâte, incorporer dans la poêle et cuire en remuant jusqu'à ce que la sauce épaississe.

Poulet à la sauce d'huîtres

Pour 4 portions

30 ml / 2 cuillères à soupe d'huile d'arachide (cacahuètes)

1 gousse d'ail, écrasée

1 tranche de gingembre finement hachée

450 g de poulet, tranché

250 ml / 8 fl oz / 1 tasse de bouillon de poulet

30 ml / 2 cuillères à soupe de sauce aux huîtres

15 ml / 1 cuillère à soupe de vin de riz ou de xérès

5 ml/1 cuillère à café de sucre

Faites chauffer l'huile d'olive avec l'ail et le gingembre et faites-les revenir jusqu'à ce qu'ils soient légèrement dorés. Ajouter le poulet et faire revenir environ 3 minutes jusqu'à ce qu'il soit légèrement doré. Ajouter le bouillon, la sauce aux huîtres, le vin ou le xérès et le sucre, porter à ébullition en remuant, puis couvrir et cuire environ 15 minutes en remuant de temps en temps jusqu'à ce que le poulet soit cuit. Retirez le couvercle et poursuivez la cuisson en remuant pendant environ 4 minutes, jusqu'à ce que la sauce ait réduit et épaissi.

portions de poulet

Pour 4 portions

225 g de poulet

30 ml / 2 cuillères à soupe de vin de riz ou de xérès sec

30 ml / 2 cuillères à soupe de sauce soja

papier sulfurisé ou papier sulfurisé

30 ml / 2 cuillères à soupe d'huile d'arachide (cacahuètes)

huile de friture

Coupez le poulet en cubes de 5 cm/2 cm. Mélangez le vin ou le xérès et la sauce soja, versez sur le poulet et mélangez bien. Couvrir et laisser reposer 1 heure en remuant de temps en temps.

Coupez le papier en carrés de 10 cm/4 cm et badigeonnez d'huile. Bien égoutter le poulet. Placez un morceau de papier sur votre plan de travail avec un coin face à vous. Placez un morceau de poulet dans le carré juste en dessous du centre, pliez le coin inférieur et pliez à nouveau pour enfermer le poulet. Pliez les côtés vers l'intérieur, puis pliez le coin supérieur pour sécuriser l'emballage. Faites chauffer l'huile et faites revenir les morceaux de poulet pendant environ 5 minutes jusqu'à ce qu'ils soient bien cuits. Servir chaud dans des emballages que les convives pourront ouvrir.

poulet aux cacahuètes

Pour 4 portions

225 g/8 oz de poulet, tranché finement
1 blanc d'oeuf légèrement battu
10 ml / 2 cuillères à café de farine de maïs (amidon de maïs)
45 ml / 3 cuillères à soupe d'huile d'arachide (cacahuètes)
1 gousse d'ail, écrasée
1 tranche de racine de gingembre, hachée
2 poireaux, hachés
30 ml / 2 cuillères à soupe de sauce soja
15 ml / 1 cuillère à soupe de vin de riz ou de xérès sec

100 g de cacahuètes grillées

Mélanger le poulet avec les blancs d'œufs et la semoule de maïs jusqu'à ce qu'ils soient bien enrobés. Faites chauffer la moitié de l'huile et faites frire le poulet jusqu'à ce qu'il soit doré et retirez-le de la poêle. Faites chauffer le reste de l'huile et faites revenir l'ail et le gingembre jusqu'à ce qu'ils soient tendres. Ajouter les poireaux et faire revenir jusqu'à ce qu'ils soient légèrement dorés. Incorporer la sauce soja et le vin ou le xérès et cuire 3 minutes. Remettez le poulet dans la poêle avec les cacahuètes et faites cuire lentement jusqu'à ce qu'il soit bien chaud.

Poulet au beurre de cacahuète

Pour 4 portions

4 poitrines de poulet, coupées en dés
sel et poivre fraîchement moulu
5 ml/1 cuillère à café de poudre de cinq épices
45 ml / 3 cuillères à soupe d'huile d'arachide (cacahuètes)
1 oignon, coupé en dés
2 carottes, coupées en dés
1 branche de céleri, coupée en dés
300 ml / ½ pt / 1 ¼ tasse de bouillon de poulet

10 ml / 2 cuillères à café de purée de tomates (pâte)
100 g / 4 oz de beurre de cacahuète
15 ml / 1 cuillère à soupe de sauce soja
10 ml / 2 cuillères à café de farine de maïs (amidon de maïs)
pincée de cassonade
15 ml / 1 cuillère à soupe de ciboulette ciselée

Assaisonnez le poulet avec du sel, du poivre et de la poudre aux cinq épices. Faites chauffer l'huile et faites frire le poulet jusqu'à ce qu'il soit tendre. Retirer de la poêle. Ajouter les légumes et faire revenir jusqu'à ce qu'ils soient tendres mais toujours croquants. Mélangez le bouillon avec les autres ingrédients, sauf la ciboulette, mélangez dans la casserole et portez à ébullition. Remettez le poulet dans la poêle et réchauffez-le en remuant. Servir saupoudré de sucre.

Poulet aux petits pois

Pour 4 portions

60 ml / 4 cuillères à soupe d'huile d'arachide (cacahuètes)
1 oignon haché
450 g de poulet, coupé en dés
sel et poivre fraîchement moulu
100 g de petits pois
2 branches de céleri, hachées

100 g de champignons hachés
250 ml / 8 fl oz / 1 tasse de bouillon de poulet
15 ml / 1 cuillère à soupe de farine de maïs (amidon de maïs)
15 ml / 1 cuillère à soupe de sauce soja
60 ml / 4 cuillères à soupe d'eau

Faites chauffer l'huile et faites revenir l'oignon jusqu'à ce qu'il soit légèrement doré. Ajouter le poulet et faire revenir jusqu'à ce qu'il soit doré. Assaisonner de sel et de poivre, ajouter les petits pois, le céleri et les champignons et bien mélanger. Ajoutez le bouillon, portez à ébullition, couvrez et laissez cuire 15 minutes. Fouetter ensemble la semoule de maïs, la sauce soja et l'eau jusqu'à ce qu'elle forme une pâte, ajouter dans la poêle et cuire en remuant jusqu'à ce que la sauce soit légère et épaissie.

Poulet laqué

Pour 4 portions

4 portions de poulet
sel et poivre fraîchement moulu
5 ml/1 cuillère à café de sucre
1 échalote (oignon vert), hachée
1 tranche de racine de gingembre, hachée

15 ml / 1 cuillère à soupe de sauce soja
15 ml / 1 cuillère à soupe de vin de riz ou de xérès sec
15 ml / 1 cuillère à soupe de farine de maïs (amidon de maïs)
huile de friture

Placez les portions de poulet dans un bol peu profond et saupoudrez de sel et de poivre. Mélangez le sucre, la ciboulette, le gingembre, la sauce soja et le vin ou le xérès, frottez le poulet, couvrez et laissez mariner 3 heures. Égouttez le poulet et saupoudrez-le de farine de maïs. Faites chauffer l'huile et faites frire le poulet jusqu'à ce qu'il soit doré et bien cuit. Bien égoutter avant de servir.

Poulet au poivre

Pour 4 portions

60 ml / 4 cuillères à soupe de sauce soja
45 ml / 3 cuillères à soupe de vin de riz ou de xérès sec
45 ml / 3 cuillères à soupe de farine de maïs (amidon de maïs)
450 g de poulet haché (haché)
60 ml / 4 cuillères à soupe d'huile d'arachide (cacahuètes)
2,5 ml/½ cuillère à café de sel

2 gousses d'ail, écrasées
2 poivrons rouges, coupés en dés
1 poivron vert, coupé en dés
5 ml/1 cuillère à café de sucre
300 ml / ½ pt / 1 ¼ tasse de bouillon de poulet

Incorporer la moitié de la sauce soja, la moitié du vin ou du xérès et la moitié de la maïzena. Verser sur le poulet, bien mélanger et laisser mariner au moins 1 heure. Faites chauffer la moitié de l'huile d'olive avec le sel et l'ail jusqu'à ce que l'ail soit légèrement doré. Ajouter le poulet et la marinade et faire sauter pendant environ 4 minutes jusqu'à ce que le poulet devienne blanc et retirer de la poêle. Ajoutez le reste de l'huile dans la poêle et faites revenir les poivrons pendant 2 minutes. Ajoutez le sucre dans la poêle avec le reste de la sauce soja, le vin ou le xérès et la maïzena et mélangez bien. Ajouter le bouillon, porter à ébullition et cuire en remuant jusqu'à ce que la sauce épaississe. Remettez le poulet dans la poêle, couvrez et laissez cuire 4 minutes jusqu'à ce que le poulet soit cuit.

Poulet rôti au poivre

Pour 4 portions

1 poitrine de poulet, tranchée finement
2 tranches de racine de gingembre, hachées
2 oignons nouveaux (oignons verts), hachés
15 ml / 1 cuillère à soupe de farine de maïs (amidon de maïs)
30 ml / 2 cuillères à soupe de vin de riz ou de xérès sec

30 ml / 2 cuillères à soupe d'eau
2,5 ml / ½ cuillère à café de sel
45 ml / 3 cuillères à soupe d'huile d'arachide (cacahuètes)
100 g de châtaignes d'eau tranchées
1 poivron rouge, coupé en lanières
1 poivron vert, coupé en lanières
1 poivron jaune, coupé en lanières
30 ml / 2 cuillères à soupe de sauce soja
120 ml / 4 fl oz / ½ tasse de bouillon de poulet

Placer le poulet dans un bol. Mélangez le gingembre, l'échalote, la maïzena, le vin ou le xérès, l'eau et le sel, ajoutez au poulet et laissez reposer 1 heure. Faites chauffer la moitié de l'huile et faites frire le poulet jusqu'à ce qu'il soit légèrement doré, puis retirez-le de la poêle. Faites chauffer le reste de l'huile et faites revenir les châtaignes d'eau et les poivrons pendant 2 minutes. Ajouter la sauce soja et le bouillon, porter à ébullition, couvrir et cuire 5 minutes jusqu'à ce que les légumes soient tendres. Remettez le poulet dans la poêle, mélangez bien et réchauffez doucement avant de servir.

poulet et ananas

Pour 4 portions

30 ml / 2 cuillères à soupe d'huile d'arachide (cacahuètes)

5 ml/1 cuillère à café de sel

2 gousses d'ail, écrasées

450 g/1 lb de poulet désossé, tranché finement

2 oignons, tranchés

100 g de châtaignes d'eau tranchées

100 g de morceaux d'ananas

30 ml / 2 cuillères à soupe de vin de riz ou de xérès sec

450 ml / ¾ pt / 2 tasses de bouillon de poulet

5 ml/1 cuillère à café de sucre

poivre fraîchement moulu

30 ml / 2 cuillères à soupe de jus d'ananas

30 ml / 2 cuillères à soupe de sauce soja

30 ml / 2 cuillères à soupe de farine de maïs (amidon de maïs)

Faites chauffer l'huile, le sel et l'ail jusqu'à ce que l'ail soit légèrement doré. Ajouter le poulet et faire revenir 2 minutes. Ajoutez l'oignon, les châtaignes d'eau et l'ananas et faites revenir 2 minutes. Ajouter le vin ou le xérès, le bouillon et le sucre et assaisonner de poivre. Portez à ébullition, couvrez et laissez cuire 5 minutes. Mélangez le jus d'ananas, la sauce soja et la farine de maïs. Incorporer dans la poêle et cuire en remuant jusqu'à ce que la sauce épaississe et s'éclaircisse.

Poulet à l'ananas et litchi

Pour 4 portions

30 ml / 2 cuillères à soupe d'huile d'arachide (cacahuètes)

225 g/8 oz de poulet, tranché finement

1 tranche de racine de gingembre, hachée

15 ml / 1 cuillère à soupe de sauce soja
15 ml / 1 cuillère à soupe de vin de riz ou de xérès sec
Morceaux d'ananas en conserve de 200 g/7 oz
200 g / 7 oz de litchis au sirop en conserve
15 ml / 1 cuillère à soupe de farine de maïs (amidon de maïs)

Faites chauffer l'huile et faites frire le poulet jusqu'à ce qu'il soit légèrement doré. Ajoutez la sauce soja et le vin ou le xérès et mélangez bien. Mesurez 8 fl oz / 250 ml / 1 tasse du mélange ananas-litchi et réservez 30 ml / 2 cuillères à soupe. Ajoutez le reste dans la poêle, portez à ébullition et laissez cuire quelques minutes jusqu'à ce que le poulet soit tendre. Ajoutez les morceaux d'ananas et les litchis. Mélanger la semoule de maïs avec le sirop réservé, incorporer dans la poêle et cuire en remuant jusqu'à ce que la sauce s'éclaircisse et épaississe.

poulet au porc

Pour 4 portions

1 poitrine de poulet, tranchée finement
100 g de porc maigre, tranché finement
60 ml / 4 cuillères à soupe de sauce soja
15 ml / 1 cuillère à soupe de farine de maïs (amidon de maïs)
1 blanc d'oeuf
45 ml / 3 cuillères à soupe d'huile d'arachide (cacahuètes)

3 tranches de racine de gingembre, hachées
50 g de pousses de bambou, tranchées
225 g/8 oz de champignons, tranchés
225 g/8 onces de feuilles chinoises, hachées
120 ml / 4 fl oz / ½ tasse de bouillon de poulet
30 ml / 2 cuillères à soupe d'eau

Incorporer le poulet et le porc. Mélangez la sauce soja, 5 ml/1 cuillère à café de maïzena et le blanc d'œuf et ajoutez-les au poulet et au porc. Laissez reposer 30 minutes. Faites chauffer la moitié de l'huile et faites frire le poulet et le porc jusqu'à ce qu'ils soient légèrement dorés, puis retirez-les de la poêle. Faites chauffer le reste de l'huile et faites frire le gingembre, les pousses de bambou, les champignons et les feuilles de Chine jusqu'à ce qu'ils soient bien enrobés d'huile. Ajouter le bouillon et porter à ébullition. Remettez le mélange de poulet dans la poêle, couvrez et laissez cuire environ 3 minutes jusqu'à ce que les viandes soient tendres. Mélangez le reste de semoule de maïs en pâte avec l'eau, ajoutez-la à la sauce et faites cuire en remuant jusqu'à ce que la sauce épaississe. Sers immédiatement.

Poulet rôti aux pommes de terre

Pour 4 portions
4 morceaux de poulet

45 ml / 3 cuillères à soupe d'huile d'arachide (cacahuètes)

1 oignon, tranché

1 gousse d'ail, écrasée

2 tranches de racine de gingembre, hachées

450 ml / ¾ pt / 2 tasses d'eau

45 ml / 3 cuillères à soupe de sauce soja

15 ml / 1 cuillère à soupe de cassonade

2 pommes de terre, coupées en dés

Coupez le poulet en morceaux de 5 cm/2 cm. Faites chauffer l'huile et faites revenir l'oignon, l'ail et le gingembre jusqu'à ce qu'ils soient légèrement dorés. Ajouter le poulet et faire revenir jusqu'à ce qu'il soit légèrement doré. Ajouter l'eau et la sauce soja et porter à ébullition. Ajoutez le sucre, couvrez et laissez cuire environ 30 minutes. Ajouter les pommes de terre dans la poêle, couvrir et cuire encore 10 minutes jusqu'à ce que le poulet soit tendre et que les pommes de terre soient bien cuites.

Poulet aux cinq épices et pommes de terre

Pour 4 portions

45 ml / 3 cuillères à soupe d'huile d'arachide (cacahuètes)

450 g de poulet, coupé en morceaux

sel

45 ml / 3 cuillères à soupe de pâte de haricots jaunes

45 ml / 3 cuillères à soupe de sauce soja
5 ml/1 cuillère à café de sucre
5 ml/1 cuillère à café de poudre de cinq épices
1 pomme de terre, coupée en dés
450 ml / ¾ pt / 2 tasses de bouillon de poulet

Faites chauffer l'huile et faites frire le poulet jusqu'à ce qu'il soit légèrement doré. Saupoudrez de sel, puis ajoutez la pâte de haricots, la sauce soja, le sucre et la poudre de cinq épices et faites sauter pendant 1 minute. Ajouter la pomme de terre et bien mélanger, puis ajouter le bouillon, porter à ébullition, couvrir et cuire environ 30 minutes jusqu'à ce qu'elle soit tendre.

Poulet rouge bouilli

Pour 4 portions

450 g de poulet, tranché
120 ml / 4 fl oz / ½ tasse de sauce soja
15 ml / 1 cuillère à soupe de sucre
2 tranches de racine de gingembre, hachées finement

90 ml / 6 cuillères à soupe de bouillon de poulet
30 ml / 2 cuillères à soupe de vin de riz ou de xérès sec
4 oignons nouveaux (oignons verts), tranchés

Mettez tous les ingrédients dans une casserole et portez à ébullition. Couvrir et cuire environ 15 minutes jusqu'à ce que le poulet soit cuit. Retirez le couvercle et laissez mijoter environ 5 minutes en remuant de temps en temps jusqu'à ce que la sauce épaississe. Servir parsemé de ciboulette.

Boulettes de poulet

Pour 4 portions

225 g/8 oz de viande de poulet, hachée (hachée)
3 châtaignes d'eau hachées
1 échalote (oignon vert), hachée
1 tranche de racine de gingembre, hachée
2 blancs d'œufs

5 ml / 2 cuillères à café de sel

5 ml/1 cuillère à café de poivre fraîchement moulu

120 ml / 4 fl oz / ½ tasse d'huile d'arachide (cacahuètes)

5 ml/1 cuillère à café de jambon haché

Mélangez le poulet, les châtaignes, la moitié des échalotes, le gingembre, les blancs d'œufs, le sel et le poivre. Formez des boules et écrasez-les bien. Faites chauffer l'huile et faites frire les boulettes de viande jusqu'à ce qu'elles soient dorées, en les retournant une fois. Servir parsemé du reste de ciboulette et de jambon.

Poulet Salé

Pour 4 portions

30 ml / 2 cuillères à soupe d'huile d'arachide (cacahuètes)

4 morceaux de poulet

3 oignons nouveaux (oignons verts), hachés

2 gousses d'ail, écrasées

1 tranche de racine de gingembre, hachée

120 ml / 4 fl oz / ½ tasse de sauce soja
30 ml / 2 cuillères à soupe de vin de riz ou de xérès sec
30 ml / 2 cuillères à soupe de cassonade
5 ml/1 cuillère à café de sel
375 ml / 13 fl oz / 1 1/2 tasse d'eau
15 ml / 1 cuillère à soupe de farine de maïs (amidon de maïs)

Faites chauffer l'huile et faites frire les morceaux de poulet jusqu'à ce qu'ils soient dorés. Ajoutez les échalotes, l'ail et le gingembre et faites sauter pendant 2 minutes. Ajoutez la sauce soja, le vin ou le xérès, le sucre et le sel et mélangez bien. Ajouter l'eau et porter à ébullition, couvrir et cuire 40 minutes. Mélangez la fécule de maïs avec un peu d'eau, ajoutez-la à la sauce et faites cuire en remuant jusqu'à ce que la sauce soit allégée et épaissie.

Poulet à l'huile de sésame

Pour 4 portions

90 ml / 6 cuillères à soupe d'huile d'arachide
60 ml/4 cuillères à soupe d'huile de sésame
5 tranches de racine de gingembre
4 morceaux de poulet

600 ml / 1 pt / 2½ tasses de vin de riz ou de xérès sec
5 ml/1 cuillère à café de sucre
sel et poivre fraîchement moulu

Faites chauffer les huiles et faites revenir le gingembre et le poulet jusqu'à ce qu'ils soient légèrement dorés. Ajoutez le vin ou le xérès et assaisonnez avec du sucre, du sel et du poivre. Porter à ébullition et cuire lentement, à découvert, jusqu'à ce que le poulet soit tendre et que la sauce ait réduit. Servir dans des bols.

Poulet au xérès

Pour 4 portions
30 ml / 2 cuillères à soupe d'huile d'arachide (cacahuètes)
4 morceaux de poulet
120 ml / 4 fl oz / ½ tasse de sauce soja
500 ml / 17 fl oz / 2 ¼ tasses de vin de riz ou de xérès sec
30 ml / 2 cuillères à soupe de sucre

5 ml/1 cuillère à café de sel

2 gousses d'ail, écrasées

1 tranche de racine de gingembre, hachée

Faites chauffer l'huile et faites frire le poulet jusqu'à ce qu'il soit doré de tous les côtés. Égoutter l'excès d'huile et ajouter tous les autres ingrédients. Portez à ébullition, couvrez et laissez cuire à feu vif pendant 25 minutes. Réduisez le feu et laissez cuire encore 15 minutes jusqu'à ce que le poulet soit cuit et que la sauce ait réduit.

Poulet à la sauce soja

Pour 4 portions

350 g/12 oz de poulet, coupé en dés

2 oignons nouveaux (oignons verts), hachés

3 tranches de racine de gingembre, hachées

15 ml / 1 cuillère à soupe de farine de maïs (amidon de maïs)

30 ml / 2 cuillères à soupe de vin de riz ou de xérès sec

30 ml / 2 cuillères à soupe d'eau

45 ml / 3 cuillères à soupe d'huile d'arachide (cacahuètes)

60 ml / 4 cuillères à soupe de sauce soja épaisse

5 ml/1 cuillère à café de sucre

Incorporer le poulet, les échalotes, le gingembre, la semoule de maïs, le vin ou le xérès et l'eau et laisser reposer 30 minutes, en remuant de temps en temps. Faites chauffer l'huile et faites frire le poulet pendant environ 3 minutes jusqu'à ce qu'il soit légèrement doré. Ajoutez la sauce soja et le sucre et faites revenir environ 1 minute jusqu'à ce que le poulet soit cuit et tendre.

Poulet rôti épicé

Pour 4 portions

150 ml/¼ pt/beaucoup ½ tasse de sauce soja

2 gousses d'ail, écrasées

50 g / 2 oz / ¼ tasse de cassonade

1 oignon, finement haché

30 ml / 2 cuillères à soupe de purée de tomates (pâte)

1 tranche de citron hachée

1 tranche de racine de gingembre, hachée

45 ml / 3 cuillères à soupe de vin de riz ou de xérès sec
4 gros morceaux de poulet

Mélangez tous les ingrédients sauf le poulet. Disposez le poulet dans un plat allant au four, versez le mélange dessus, couvrez et laissez mariner toute la nuit en arrosant de temps en temps. Rôtir le poulet dans un four préchauffé à 180°C/350°F/thermostat 4 pendant 40 minutes, en le retournant et en l'arrosant de temps en temps. Retirez le couvercle, augmentez la température du four à 200°C/400°F/thermostat 6 et poursuivez la cuisson encore 15 minutes jusqu'à ce que le poulet soit cuit.

poulet aux épinards

Pour 4 portions
100 g de poulet haché
15 ml / 1 cuillère à soupe de graisse de jambon hachée
175 ml / 6 fl oz / ¾ tasse de bouillon de poulet
3 blancs d'œufs légèrement battus
sel
5 ml/1 cuillère à café d'eau
450 g d'épinards finement hachés

5 ml / 1 cuillère à café de farine de maïs (amidon de maïs)
45 ml / 3 cuillères à soupe d'huile d'arachide (cacahuètes)

Mélanger le poulet, la graisse de jambon, 150 ml/¼ pt/beaucoup ½ tasse de bouillon de poulet, le blanc d'œuf, 5 ml/1 cuillère à café de sel et l'eau. Mélangez les épinards avec le reste de bouillon, une pincée de sel et la farine de maïs mélangée à un peu d'eau. Faites chauffer la moitié de l'huile, ajoutez le mélange d'épinards dans la poêle et remuez continuellement à feu doux jusqu'à ce qu'il soit chaud. Transférer dans une assiette de service chaude et réserver au chaud. Faites chauffer le reste de l'huile et faites frire des cuillerées de mélange de poulet jusqu'à ce qu'elles soient fermes et blanches. Disposez les épinards dessus et servez immédiatement.

rouleaux de printemps au poulet

Pour 4 portions

15 ml / 1 cuillère à soupe d'huile d'arachide
pincée de sel
1 gousse d'ail, écrasée
225 g de poulet, coupé en lanières
100 g de champignons tranchés
175 g de chou haché
100 g de pousses de bambou hachées

50 g de châtaignes d'eau hachées
100 g de germes de soja
5 ml/1 cuillère à café de sucre
5 ml/1 cuillère à café de vin de riz ou de xérès sec
5 ml/1 cuillère à café de sauce soja
8 peaux de rouleaux de printemps
huile de friture

Faites chauffer l'huile, le sel et l'ail et faites revenir doucement jusqu'à ce que l'ail commence à dorer. Ajoutez le poulet et les champignons et faites revenir quelques minutes jusqu'à ce que le poulet blanchisse. Ajoutez le chou, les pousses de bambou, les châtaignes d'eau et les germes de soja et faites sauter pendant 3 minutes. Ajoutez le sucre, le vin ou le xérès et la sauce soja, mélangez bien, couvrez et faites revenir pendant 2 minutes. Transférer dans une passoire et laisser égoutter.

Placez quelques cuillerées du mélange de garniture au centre de chaque peau de rouleau de printemps, repliez le fond, repliez les côtés et roulez en enfermant la garniture. Scellez le bord avec un peu de mélange de farine et d'eau et laissez sécher 30 minutes. Faites chauffer l'huile et faites frire les rouleaux de printemps pendant environ 10 minutes jusqu'à ce qu'ils soient croustillants et dorés. Bien égoutter avant de servir.

Rôti de porc épicé

Pour 4 portions

450 g de porc, coupé en dés

sel et poivre

30 ml / 2 cuillères à soupe de sauce soja

30 ml/2 cuillères à soupe de sauce hoisin

45 ml / 3 cuillères à soupe d'huile d'arachide (cacahuètes)

120 ml / 4 fl oz / ½ tasse de vin de riz ou de xérès sec

300 ml / ½ pt / 1¼ tasse de bouillon de poulet

5 ml/1 cuillère à café de poudre de cinq épices

6 oignons nouveaux (oignons verts), hachés

225 g de pleurotes tranchés

15 ml / 1 cuillère à soupe de farine de maïs (amidon de maïs)

Assaisonnez la viande avec du sel et du poivre. Placer sur une assiette et ajouter la sauce soja et la sauce hoisin. Couvrir et laisser mariner 1 heure. Faites chauffer l'huile et faites frire la viande jusqu'à ce qu'elle soit dorée. Ajoutez le vin ou le xérès, le bouillon et la poudre de cinq épices, portez à ébullition, couvrez et laissez cuire 1 heure. Ajoutez les échalotes et les champignons, retirez le couvercle et laissez cuire encore 4 minutes. Mélangez la fécule de maïs avec un peu d'eau, remettez sur le feu et laissez cuire en remuant pendant 3 minutes jusqu'à ce que la sauce épaississe.

petits pains au porc cuits à la vapeur

Il y a 12 ans

30 ml/2 cuillères à soupe de sauce hoisin
15 ml / 1 cuillère à soupe de sauce aux huîtres
15 ml / 1 cuillère à soupe de sauce soja
2,5 ml/½ cuillère à café d'huile de sésame
30 ml / 2 cuillères à soupe d'huile d'arachide (cacahuètes)
10 ml / 2 cuillères à café de racine de gingembre râpée
1 gousse d'ail, écrasée
300 ml / ½ pt / 1¼ tasse d'eau
15 ml / 1 cuillère à soupe de farine de maïs (amidon de maïs)
225 g de porc cuit, finement haché
4 oignons nouveaux (oignons verts), finement hachés
350 g / 12 oz / 3 tasses de farine nature (tout usage)
15 ml / 1 cuillère à soupe de levure chimique
2,5 ml/½ cuillère à café de sel
50 g/2 oz/½ tasse de saindoux
5 ml/1 cuillère à café de vinaigre de vin
12 x 13 cm / 5 carrés de papier sulfurisé

Incorporer le hoisin, les sauces d'huîtres et de soja et l'huile de sésame. Faites chauffer l'huile et faites revenir le gingembre et l'ail jusqu'à ce qu'ils soient légèrement dorés. Ajouter le mélange de sauce et faire revenir 2 minutes. Mélangez 120 ml/4 fl oz/½ tasse d'eau avec la maïzena et mélangez dans la casserole. Porter à ébullition en remuant, puis cuire jusqu'à ce que le mélange épaississe. Ajoutez le porc et les oignons et laissez refroidir.

Mélangez la farine, la levure chimique et le sel. Frottez le saindoux jusqu'à obtenir un mélange semblable à de la chapelure fine. Mélangez le vinaigre de vin et le reste de l'eau, puis mélangez-le avec la farine pour former une pâte ferme. Pétrir légèrement sur un plan fariné, couvrir et laisser reposer 20 minutes.

Reprenez la pâte, divisez-la en 12 et formez chacune une boule. Abaisser en cercles de 15 cm/6 cm sur un plan fariné. Placez des cuillerées de garniture au centre de chaque cercle, badigeonnez les bords d'eau et pincez les bords pour sceller autour de la garniture. Badigeonner d'huile un côté de chaque carré de papier sulfurisé. Placez chaque pain sur un carré de papier, couture vers le bas. Placer les sandwichs en une seule couche sur une grille fumante au-dessus de l'eau bouillante. Couvrir et cuire à la vapeur les petits pains pendant environ 20 minutes jusqu'à ce qu'ils soient bien cuits.

porc au chou

Pour 4 portions

6 champignons chinois séchés
30 ml / 2 cuillères à soupe d'huile d'arachide (cacahuètes)
450 g de porc, coupé en lanières
2 oignons, tranchés
2 poivrons rouges, coupés en lanières
350 g de chou blanc haché
2 gousses d'ail, hachées
2 morceaux de tige de gingembre hachée
30 ml/2 cuillères à soupe de miel
45 ml / 3 cuillères à soupe de sauce soja
120 ml / 4 fl oz / ½ tasse de vin blanc sec
sel et poivre
10 ml / 2 cuillères à café de farine de maïs (amidon de maïs)
15 ml / 1 cuillère à soupe d'eau

Faites tremper les champignons dans l'eau tiède pendant 30 minutes et égouttez-les. Jetez les tiges et coupez les sommets.

Faites chauffer l'huile et faites frire le porc jusqu'à ce qu'il soit légèrement doré. Ajouter les légumes, l'ail et le gingembre et faire revenir 1 minute. Ajoutez le miel, la sauce soja et le vin, portez à ébullition, couvrez et laissez cuire 40 minutes jusqu'à ce que la viande soit cuite. Assaisonnez avec du sel et du poivre. Mélangez la semoule de maïs et l'eau et mélangez dans la casserole. Portez à ébullition en remuant constamment, puis laissez cuire 1 minute.

Porc au chou et tomates

Pour 4 portions

30 ml / 2 cuillères à soupe d'huile d'arachide (cacahuètes)

450 g de porc maigre, tranché

sel et poivre fraîchement moulu

1 gousse d'ail, écrasée

1 oignon, finement haché

½ chou, haché

450 g de tomates pelées et coupées en quartiers

250 ml / 8 fl oz / 1 tasse de bouillon

30 ml / 2 cuillères à soupe de farine de maïs (amidon de maïs)

15 ml / 1 cuillère à soupe de sauce soja

60 ml / 4 cuillères à soupe d'eau

Faites chauffer l'huile et faites revenir le porc, le sel, le poivre, l'ail et l'oignon jusqu'à ce qu'ils soient dorés. Ajouter le chou, les tomates et le bouillon, porter à ébullition, couvrir et cuire 10 minutes jusqu'à ce que le chou soit tendre. Fouetter ensemble la semoule de maïs, la sauce soja et l'eau jusqu'à ce qu'elle forme une pâte, ajouter dans la poêle et cuire en remuant jusqu'à ce que la sauce soit légère et épaissie.

Porc mariné au chou

Pour 4 portions

350 g/12 oz de poitrine de porc

2 oignons nouveaux (oignons verts), hachés

1 tranche de racine de gingembre, hachée

1 bâton de cannelle

3 gousses d'anis étoilé

45 ml / 3 cuillères à soupe de cassonade

600 ml / 1 pt / 2½ tasses d'eau

15 ml / 1 cuillère à soupe d'huile d'arachide

15 ml / 1 cuillère à soupe de sauce soja

5 ml/1 cuillère à café de purée de tomates (pâte)

5 ml/1 cuillère à café de sauce aux huîtres

100 g / 4 oz de cœurs de bok choy

100 g de pak-choï

Coupez le porc en morceaux de 10 cm/4 cm et placez-le dans un bol. Ajoutez la ciboulette, le gingembre, la cannelle, l'anis étoilé, le sucre et l'eau et laissez reposer 40 minutes. Faites chauffer l'huile, retirez le porc de la marinade et ajoutez-le à la poêle. Faites frire jusqu'à ce qu'ils soient dorés, puis ajoutez la sauce soja, la purée de tomates et la sauce aux huîtres. Portez à ébullition et laissez cuire environ 30 minutes jusqu'à ce que le porc soit tendre et que le liquide ait réduit, en ajoutant un peu d'eau en cours de cuisson si nécessaire.

Pendant ce temps, faites cuire à la vapeur les cœurs de chou et le pak choi dans l'eau bouillante pendant environ 10 minutes jusqu'à ce qu'ils soient tendres. Disposez-les sur une assiette chaude, disposez le porc dessus et arrosez de sauce.

Porc au céleri

Pour 4 portions

45 ml / 3 cuillères à soupe d'huile d'arachide (cacahuètes)

1 gousse d'ail, écrasée

1 échalote (oignon vert), hachée

1 tranche de racine de gingembre, hachée

225 g de porc maigre, coupé en lanières

100 g de céleri tranché finement

45 ml / 3 cuillères à soupe de sauce soja

15 ml / 1 cuillère à soupe de vin de riz ou de xérès sec

5 ml / 1 cuillère à café de farine de maïs (amidon de maïs)

Faites chauffer l'huile et faites revenir l'ail, l'échalote et le gingembre jusqu'à ce qu'ils soient légèrement dorés. Ajouter le porc et faire revenir 10 minutes jusqu'à ce qu'il soit doré. Ajoutez le céleri et faites revenir 3 minutes. Ajouter les autres ingrédients et faire sauter pendant 3 minutes.

Porc aux Châtaignes et Champignons

Pour 4 portions

4 champignons chinois séchés
100 g / 4 oz / 1 tasse de châtaignes
30 ml / 2 cuillères à soupe d'huile d'arachide (cacahuètes)
2,5 ml / ½ cuillère à café de sel
450 g de porc maigre, coupé en dés
15 ml / 1 cuillère à soupe de sauce soja
375 ml / 13 fl oz / 1 ½ tasse de bouillon de poulet
100 g de châtaignes d'eau tranchées

Faites tremper les champignons dans l'eau tiède pendant 30 minutes et égouttez-les. Jetez les tiges et coupez le dessus en deux. Blanchir les châtaignes dans l'eau bouillante pendant 1 minute et égoutter. Faites chauffer l'huile et le sel et faites frire le porc jusqu'à ce qu'il soit légèrement doré. Ajouter la sauce soja et faire sauter pendant 1 minute. Ajouter le bouillon et porter à ébullition. Ajoutez les châtaignes et les châtaignes d'eau, portez à nouveau à ébullition, couvrez et laissez cuire environ 1h30 jusqu'à ce que la viande soit tendre.

Côtelette de porc

Pour 4 portions

100 g de pousses de bambou coupées en lanières

100 g de châtaignes d'eau tranchées finement

60 ml / 4 cuillères à soupe d'huile d'arachide (cacahuètes)

3 oignons nouveaux (oignons verts), hachés

2 gousses d'ail, écrasées

1 tranche de racine de gingembre, hachée

225 g de porc maigre, coupé en lanières

45 ml / 3 cuillères à soupe de sauce soja

15 ml / 1 cuillère à soupe de vin de riz ou de xérès sec

5 ml/1 cuillère à café de sel

5 ml/1 cuillère à café de sucre

poivre fraîchement moulu

15 ml / 1 cuillère à soupe de farine de maïs (amidon de maïs)

Blanchir les pousses de bambou et les châtaignes d'eau dans l'eau bouillante pendant 2 minutes, puis égoutter et sécher. Faites chauffer 45 ml/3 cuillères à soupe d'huile et faites revenir les échalotes, l'ail et le gingembre jusqu'à ce qu'ils soient légèrement dorés. Ajouter le porc et faire revenir 4 minutes. Retirer de la poêle.

Faites chauffer le reste de l'huile et faites revenir les légumes pendant 3 minutes. Ajoutez le porc, la sauce soja, le vin ou le xérès, le sel, le sucre et une pincée de poivre et faites revenir 4 minutes. Mélangez la fécule de maïs avec un peu d'eau, versez-la dans la poêle et faites cuire en remuant jusqu'à ce que la sauce s'éclaircisse et épaississe.

yakisoba au porc

Pour 4 portions

4 champignons chinois séchés
30 ml / 2 cuillères à soupe d'huile d'arachide (cacahuètes)
2,5 ml/½ cuillère à café de sel
4 oignons nouveaux (oignons verts), hachés
225 g de porc maigre, coupé en lanières
15 ml / 1 cuillère à soupe de sauce soja
5 ml/1 cuillère à café de sucre
3 branches de céleri, hachées
1 oignon, coupé en quartiers

100 g de champignons coupés en deux
120 ml / 4 fl oz / ½ tasse de bouillon de poulet
nouilles sautées molles

Faites tremper les champignons dans l'eau tiède pendant 30 minutes et égouttez-les. Jetez les tiges et coupez les sommets. Faites chauffer l'huile et le sel et faites revenir les oignons jusqu'à ce qu'ils soient tendres. Ajouter le porc et faire revenir jusqu'à ce qu'il soit légèrement doré. Incorporer la sauce soja, le sucre, le céleri, l'oignon et les champignons frais et séchés et faire sauter pendant environ 4 minutes jusqu'à ce que les ingrédients soient bien mélangés. Ajouter le bouillon et cuire 3 minutes. Ajoutez la moitié des nouilles dans la poêle et remuez doucement, puis ajoutez le reste des nouilles et remuez jusqu'à ce qu'elles soient bien chaudes.

Chow Mein au porc rôti

Pour 4 portions

100 g de germes de soja
45 ml / 3 cuillères à soupe d'huile d'arachide (cacahuètes)
100 g de bok choy haché
225 g/8 oz de rôti de porc, tranché
5 ml/1 cuillère à café de sel
15 ml / 1 cuillère à soupe de vin de riz ou de xérès sec

Blanchir les germes de soja dans l'eau bouillante pendant 4 minutes et égoutter. Faites chauffer l'huile et faites revenir les germes de soja et le chou jusqu'à ce qu'ils soient tendres. Ajouter le porc, le sel et le xérès et faire sauter jusqu'à ce qu'il soit bien chaud. Ajoutez la moitié des pâtes égouttées dans la poêle et remuez doucement jusqu'à ce qu'elles soient bien chaudes. Ajouter les nouilles restantes et remuer jusqu'à ce qu'elles soient bien chaudes.

Porc au chutney

Pour 4 portions

5 ml/1 cuillère à café de poudre de cinq épices
5 ml/1 cuillère à café de curry en poudre
450 g de porc, coupé en lanières
30 ml / 2 cuillères à soupe d'huile d'arachide (cacahuètes)
6 oignons nouveaux (oignons verts), coupés en lanières
1 branche de céleri, coupée en lanières
100 g de germes de soja
1 pot de 200 g de cornichons sucrés chinois, coupés en dés

45 ml/3 cuillères à soupe de chutney de mangue
30 ml / 2 cuillères à soupe de sauce soja
30 ml / 2 cuillères à soupe de purée de tomates (pâte)
150 ml/¼ pt/beaucoup ½ tasse de bouillon de poulet
10 ml / 2 cuillères à café de farine de maïs (amidon de maïs)

Frottez bien les épices dans le porc. Faites chauffer l'huile et faites frire la viande pendant 8 minutes ou jusqu'à ce qu'elle soit bien cuite. Retirer de la poêle. Ajoutez les légumes dans la poêle et faites revenir 5 minutes. Remettre le porc dans la casserole avec tous les autres ingrédients sauf la semoule de maïs. Remuer jusqu'à ce que le tout soit bien chaud. Mélangez la semoule de maïs avec un peu d'eau, incorporez-la dans la poêle et faites cuire en remuant jusqu'à ce que la sauce épaississe.

Porc au concombre

Pour 4 portions

225 g de porc maigre, coupé en lanières
30 ml / 2 cuillères à soupe de farine (tout usage)
sel et poivre fraîchement moulu
60 ml / 4 cuillères à soupe d'huile d'arachide (cacahuètes)
225 g de concombre, pelé et tranché
30 ml / 2 cuillères à soupe de sauce soja

Saupoudrez le porc de farine et assaisonnez de sel et de poivre. Faites chauffer l'huile et faites frire le porc pendant environ 5 minutes jusqu'à ce qu'il soit bien cuit. Ajoutez le concombre et la sauce soja et faites revenir encore 4 minutes. Vérifiez et rectifiez l'assaisonnement et servez avec du riz frit.

Colis de porc croustillant

Pour 4 portions

4 champignons chinois séchés

30 ml / 2 cuillères à soupe d'huile d'arachide (cacahuètes)

225 g / 8 oz de filet de porc, haché (haché)

50 g de crevettes décortiquées et hachées

15 ml / 1 cuillère à soupe de sauce soja

15 ml / 1 cuillère à soupe de farine de maïs (amidon de maïs)
30 ml / 2 cuillères à soupe d'eau
8 paquets de rouleaux de printemps
100 g / 4 onces / 1 tasse de farine de maïs (amidon de maïs)
huile de friture

Faites tremper les champignons dans l'eau tiède pendant 30 minutes et égouttez-les. Jetez les tiges et hachez finement les chapeaux. Faites chauffer l'huile et faites revenir les champignons, le porc, les crevettes et la sauce soja pendant 2 minutes. Mélangez la semoule de maïs et l'eau jusqu'à ce qu'elle forme une pâte et incorporez-la au mélange pour faire la garniture.

Coupez les feuilles en lanières, déposez un peu de farce sur le bout de chacune et formez des triangles en scellant avec un peu du mélange farine et eau. Saupoudrer généreusement de semoule de maïs. Faites chauffer l'huile et faites frire les triangles jusqu'à ce qu'ils soient croustillants et dorés. Bien égoutter avant de servir.

Rouleaux de porc à l'œuf

Pour 4 portions
225 g/8 oz de porc maigre, haché

1 tranche de racine de gingembre, hachée
1 ciboulette, hachée
15 ml / 1 cuillère à soupe de sauce soja
15 ml / 1 cuillère à soupe d'eau
12 peaux de nems
1 œuf battu
huile de friture

Mélanger le porc, le gingembre, l'oignon, la sauce soja et l'eau. Déposez un peu de garniture au centre de chaque peau et badigeonnez les bords avec l'œuf battu. Pliez les côtés et roulez le rouleau loin de vous, en scellant les bords avec l'œuf. Cuire à la vapeur sur une grille dans un cuiseur vapeur pendant 30 minutes jusqu'à ce que le porc soit cuit. Faites chauffer l'huile et faites frire pendant quelques minutes jusqu'à ce qu'elle soit croustillante et dorée.

Rouleaux de porc et crevettes

Pour 4 portions

30 ml / 2 cuillères à soupe d'huile d'arachide (cacahuètes)
225 g/8 oz de porc maigre, haché
6 oignons nouveaux (oignons verts), hachés
225 g / 8 oz de germes de soja
100 g de crevettes décortiquées et hachées
15 ml / 1 cuillère à soupe de sauce soja
2,5 ml/½ cuillère à café de sel
12 peaux de nems
1 œuf battu
huile de friture

Faites chauffer l'huile et faites revenir le porc et l'oignon nouveau jusqu'à ce qu'ils soient légèrement dorés. Pendant ce temps, blanchissez les germes de soja dans l'eau bouillante pendant 2 minutes et égouttez-les. Ajoutez les germes de soja dans la poêle et faites sauter pendant 1 minute. Ajouter les crevettes, la sauce soja et le sel et faire sauter pendant 2 minutes. Laisser refroidir.

Déposez un peu de garniture au centre de chaque peau et badigeonnez les bords avec l'œuf battu. Pliez les côtés et enroulez les rouleaux en scellant les bords avec l'œuf. Faites chauffer l'huile et faites frire les petits pains jusqu'à ce qu'ils soient croustillants et dorés.

Porc braisé aux œufs

Pour 4 portions

450 g de porc maigre

30 ml / 2 cuillères à soupe d'huile d'arachide (cacahuètes)

1 oignon haché

90 ml / 6 cuillères à soupe de sauce soja

45 ml / 3 cuillères à soupe de vin de riz ou de xérès sec

15 ml / 1 cuillère à soupe de cassonade

3 œufs durs (à la coque)

Faites bouillir une casserole d'eau, ajoutez le porc, remettez à ébullition et laissez mijoter jusqu'à ce qu'il soit scellé. Retirer de la poêle, bien égoutter et couper en cubes. Faites chauffer l'huile et faites revenir l'oignon jusqu'à ce qu'il soit ramolli. Ajouter le porc et faire revenir jusqu'à ce qu'il soit légèrement doré. Ajoutez la sauce soja, le vin ou le xérès et le sucre, couvrez et laissez cuire 30 minutes en remuant de temps en temps. Faites de petites entailles à l'extérieur des œufs et ajoutez-les dans la poêle, couvrez et laissez cuire encore 30 minutes.

cochon de feu

Pour 4 portions

450 g/1 lb de filet de porc, coupé en lanières
30 ml / 2 cuillères à soupe de sauce soja
30 ml/2 cuillères à soupe de sauce hoisin
5 ml/1 cuillère à café de poudre de cinq épices
15 ml / 1 cuillère à soupe de poivre
15 ml / 1 cuillère à soupe de cassonade
15 ml / 1 cuillère à soupe d'huile de sésame
30 ml / 2 cuillères à soupe d'huile d'arachide (cacahuètes)
6 oignons nouveaux (oignons verts), hachés
1 poivron vert, coupé en morceaux
200 g de germes de soja
2 tranches d'ananas, coupées en dés
45 ml/3 cuillères à soupe de ketchup aux tomates (catsup)
150 ml/¼ pt/beaucoup ½ tasse de bouillon de poulet

Mettez la viande dans un bol. Mélanger la sauce soja, la sauce hoisin, la poudre aux cinq épices, le poivre et le sucre, verser sur la viande et laisser mariner 1 heure. Faites chauffer les huiles et faites frire la viande jusqu'à ce qu'elle soit dorée. Retirer de la poêle. Ajoutez les légumes et faites revenir 2 minutes. Ajouter l'ananas, le ketchup et le bouillon et porter à ébullition. Remettez la viande dans la poêle et réchauffez-la avant de servir.

Filet De Porc Frit

Pour 4 portions

350 g / 12 oz de filet de porc, coupé en dés
15 ml / 1 cuillère à soupe de vin de riz ou de xérès sec
15 ml / 1 cuillère à soupe de sauce soja
5 ml / 1 cuillère à café d'huile de sésame
30 ml / 2 cuillères à soupe de farine de maïs (amidon de maïs)
huile de friture

Mélangez le porc, le vin ou le xérès, la sauce soja, l'huile de sésame et la semoule de maïs pour que le porc soit enrobé d'une pâte épaisse. Faites chauffer l'huile et faites frire le porc pendant environ 3 minutes jusqu'à ce qu'il soit croustillant. Retirez le porc de la poêle, faites chauffer l'huile et faites-le frire à nouveau pendant environ 3 minutes.

Porc aux cinq épices

Pour 4 portions

225 g de porc maigre
5 ml / 1 cuillère à café de farine de maïs (amidon de maïs)
2,5 ml/½ cuillère à café de poudre aux cinq épices
2,5 ml/½ cuillère à café de sel
15 ml / 1 cuillère à soupe de vin de riz ou de xérès sec
20 ml / 2 cuillères à soupe d'huile d'arachide (cacahuètes)
120 ml / 4 fl oz / ½ tasse de bouillon de poulet

Tranchez finement le porc contre le grain. Mélangez le porc avec la semoule de maïs, la poudre de cinq épices, le sel et le vin ou le xérès et mélangez bien pour enrober le porc. Laisser reposer 30 minutes en remuant de temps en temps. Faites chauffer l'huile, ajoutez le porc et faites revenir environ 3 minutes. Ajoutez le bouillon, portez à ébullition, couvrez et laissez cuire 3 minutes. Sers immédiatement.

Rôti de porc parfumé

Pour 6 à 8 personnes

1 morceau de zeste de mandarine
45 ml / 3 cuillères à soupe d'huile d'arachide (cacahuètes)
900 g / 2 lb de porc maigre, coupé en dés
250 ml / 8 fl oz / 1 tasse de vin de riz ou de xérès sec
120 ml / 4 fl oz / ½ tasse de sauce soja
2,5 ml/½ cuillère à café de poudre d'anis
½ bâton de cannelle
4 clous de girofle
5 ml/1 cuillère à café de sel
250 ml / 8 fl oz / 1 tasse d'eau
2 oignons nouveaux (oignons verts), tranchés
1 tranche de racine de gingembre, hachée

Faire tremper le zeste de mandarine dans l'eau pendant la préparation du plat. Faites chauffer l'huile et faites frire le porc jusqu'à ce qu'il soit légèrement doré. Ajoutez le vin ou le xérès, la sauce soja, la poudre d'anis, la cannelle, les clous de girofle, le sel et l'eau. Portez à ébullition, ajoutez le zeste de mandarine, la ciboulette et le gingembre. Couvrir et cuire environ 1 1/2 heures jusqu'à tendreté, en remuant de temps en temps et en ajoutant un peu d'eau bouillante si nécessaire. Retirer les assaisonnements avant de servir.

Porc à l'ail émincé

Pour 4 portions

450 g de poitrine de porc, peau
3 tranches de racine de gingembre
2 oignons nouveaux (oignons verts), hachés
30 ml/2 cuillères à soupe d'ail émincé
30 ml / 2 cuillères à soupe de sauce soja
5 ml/1 cuillère à café de sel
15 ml / 1 cuillère à soupe de bouillon de poulet
2,5 ml/½ cuillère à café d'huile de piment
4 brins de coriandre

Mettez le porc dans une casserole avec le gingembre et les oignons nouveaux, couvrez d'eau, portez à ébullition et laissez cuire 30 minutes jusqu'à ce qu'il soit bien cuit. Retirer et bien égoutter, puis couper en fines tranches d'environ 5 cm/2 carrés. Disposez les tranches dans une passoire métallique. Portez une casserole d'eau à ébullition, ajoutez les tranches de porc et laissez cuire 3 minutes jusqu'à ce qu'elles soient bien chaudes. Disposer sur un plat de service chaud. Mélangez l'ail, la sauce soja, le sel, le bouillon et l'huile de piment et versez sur le porc. Servir garni de coriandre.

Porc frit au gingembre

Pour 4 portions

225 g de porc maigre
5 ml / 1 cuillère à café de farine de maïs (amidon de maïs)
30 ml / 2 cuillères à soupe de sauce soja
30 ml / 2 cuillères à soupe d'huile d'arachide (cacahuètes)
1 tranche de racine de gingembre, hachée
1 échalote (oignon vert), tranchée
45 ml / 3 cuillères à soupe d'eau
5 ml / 1 cuillère à café de cassonade

Tranchez finement le porc contre le grain. Incorporez la maïzena, puis saupoudrez de sauce soja et mélangez à nouveau. Faites chauffer l'huile et faites frire le porc pendant 2 minutes jusqu'à ce qu'il soit saisi. Ajouter le gingembre et l'oignon nouveau et faire revenir 1 minute. Ajouter l'eau et le sucre, couvrir et cuire environ 5 minutes jusqu'à ce qu'ils soient bien cuits.

Porc aux haricots verts

Pour 4 portions

450 g de haricots verts coupés en morceaux

30 ml / 2 cuillères à soupe d'huile d'arachide (cacahuètes)

2,5 ml/½ cuillère à café de sel

1 tranche de racine de gingembre, hachée

225 g/8 oz de porc maigre, haché (haché)

120 ml / 4 fl oz / ½ tasse de bouillon de poulet

75 ml / 5 cuillères à soupe d'eau

2 oeufs

15 ml / 1 cuillère à soupe de farine de maïs (amidon de maïs)

Faites cuire les haricots environ 2 minutes et égouttez-les. Faites chauffer l'huile et faites revenir le sel et le gingembre pendant quelques secondes. Ajouter le porc et faire revenir jusqu'à ce qu'il soit légèrement doré. Ajouter les haricots et faire revenir pendant 30 secondes en les enduisant d'huile. Ajoutez le bouillon, portez à ébullition, couvrez et laissez cuire 2 minutes. Fouettez 30 ml/2 cuillères à soupe d'eau avec les œufs et mélangez dans la poêle. Mélangez le reste de l'eau avec la semoule de maïs. Lorsque les œufs commencent à se solidifier, incorporez la fécule de maïs et faites cuire jusqu'à ce que le mélange épaississe. Sers immédiatement.

Porc au jambon et tofu

Pour 4 portions

4 champignons chinois séchés
5 ml / 1 cuillère à café d'huile d'arachide (cacahuètes)
100 g de jambon fumé, tranché
225 g/8 oz de tofu, tranché
225 g/8 oz de porc maigre, tranché
15 ml / 1 cuillère à soupe de vin de riz ou de xérès sec
sel et poivre fraîchement moulu
1 tranche de racine de gingembre, hachée
1 échalote (oignon vert), hachée
10 ml / 2 cuillères à café de farine de maïs (amidon de maïs)
30 ml / 2 cuillères à soupe d'eau

Faites tremper les champignons dans l'eau tiède pendant 30 minutes et égouttez-les. Jetez les tiges et coupez le dessus en deux. Frottez un bol résistant à la chaleur avec de l'huile d'arachide (arachide). Disposer les champignons, le jambon, le tofu et le porc en couches dans l'assiette, avec le porc dessus. Saupoudrer de vin ou de xérès, de sel et de poivre, de gingembre et de ciboulette. Couvrir et cuire à la vapeur sur une grille au-dessus de l'eau bouillante pendant environ 45 minutes jusqu'à ce qu'il soit bien cuit. Égoutter la sauce du bol sans toucher les ingrédients. Ajoutez suffisamment d'eau pour obtenir 250 ml / 8 fl oz / 1 tasse. Mélanger la semoule de maïs et l'eau et incorporer à la sauce. Placer dans un bol et cuire en remuant jusqu'à ce que la sauce soit légère et épaissie. Versez le mélange de porc sur un plat de service chaud, versez la sauce dessus et servez.

brochettes de porc frites

Pour 4 portions

450 g/1 lb de filet de porc, tranché finement
100 g/4 oz de jambon cuit, tranché finement
6 châtaignes d'eau tranchées finement
30 ml / 2 cuillères à soupe de sauce soja
30 ml/2 cuillères à soupe de vinaigre de vin
15 ml / 1 cuillère à soupe de cassonade
15 ml / 1 cuillère à soupe de sauce aux huîtres
quelques gouttes d'huile de piment
45 ml / 3 cuillères à soupe de farine de maïs (amidon de maïs)
30 ml / 2 cuillères à soupe de vin de riz ou de xérès sec
2 oeufs battus

huile de friture

Enfiler alternativement le porc, le jambon et les châtaignes d'eau sur des petites brochettes. Mélangez la sauce soja, le vinaigre de vin, le sucre, la sauce aux huîtres et l'huile de piment. Verser sur des brochettes, couvrir et laisser mariner au réfrigérateur pendant 3 heures. Fouetter ensemble la semoule de maïs, le vin ou le xérès et les œufs jusqu'à obtenir une consistance lisse et épaisse. Tissez les brochettes dans la pâte pour les enrober. Faites chauffer l'huile et faites frire les brochettes jusqu'à ce qu'elles soient dorées.

Jarret de porc rôti à la sauce rouge

Pour 4 portions

1 gros jarret de porc
1 l / 1½ pts / 4¼ tasses d'eau bouillante
5 ml/1 cuillère à café de sel
120 ml / 4 fl oz / ½ tasse de vinaigre de vin
120 ml / 4 fl oz / ½ tasse de sauce soja
45 ml / 3 cuillères à soupe de miel
5 ml / 1 cuillère à café de baies de genièvre
5 ml/1 cuillère à café de graines d'anis

5 ml/1 cuillère à café de coriandre

60 ml / 4 cuillères à soupe d'huile d'arachide (cacahuètes)

6 oignons nouveaux (oignons verts), tranchés

2 carottes, tranchées finement

1 branche de céleri, tranché

45 ml/3 cuillères à soupe de sauce hoisin

30 ml/2 cuillères à soupe de chutney de mangue

75 ml/5 cuillères à soupe de purée de tomates (pâtes)

1 gousse d'ail, écrasée

60 ml / 4 cuillères à soupe de ciboulette hachée

Faire bouillir le jarret de porc avec de l'eau, du sel, du vinaigre de vin, 45 ml/3 cuillères à soupe de sauce soja, du miel et des épices. Ajouter les légumes, porter à ébullition, couvrir et cuire environ 1h30 jusqu'à ce que la viande soit tendre. Retirez la viande et les légumes de la poêle, coupez la viande des os et hachez-la. Faites chauffer l'huile et faites frire la viande jusqu'à ce qu'elle soit dorée. Ajoutez les légumes et faites revenir 5 minutes. Ajouter le reste de la sauce soja, la sauce hoisin, le chutney, la purée de tomates et l'ail. Portez à ébullition en remuant et laissez cuire 3 minutes. Servir parsemé de ciboulette.

porc mariné

Pour 4 portions

450 g de porc maigre

1 tranche de racine de gingembre, hachée

1 gousse d'ail, écrasée

90 ml / 6 cuillères à soupe de sauce soja

15 ml / 1 cuillère à soupe de vin de riz ou de xérès sec

45 ml / 3 cuillères à soupe d'huile d'arachide (cacahuètes)

1 échalote (oignon vert), tranchée

15 ml / 1 cuillère à soupe de cassonade

poivre fraîchement moulu

Mélangez le porc avec le gingembre, l'ail, 30 ml/2 cuillères à soupe de sauce soja et le vin ou le xérès. Laisser reposer 30 minutes en remuant de temps en temps, puis retirer la viande de la marinade. Faites chauffer l'huile et faites frire le porc jusqu'à ce qu'il soit légèrement doré. Ajoutez la ciboulette, le sucre, le reste de la sauce soja et une pincée de poivre, couvrez et laissez cuire environ 45 minutes jusqu'à ce que le porc soit cuit. Coupez le porc en cubes et servez.

Côtelettes de porc marinées

Pour 6 portions

6 côtelettes de porc
1 tranche de racine de gingembre, hachée
1 gousse d'ail, écrasée
90 ml / 6 cuillères à soupe de sauce soja
30 ml / 2 cuillères à soupe de vin de riz ou de xérès sec
45 ml / 3 cuillères à soupe d'huile d'arachide (cacahuètes)

2 oignons nouveaux (oignons verts), hachés
15 ml / 1 cuillère à soupe de cassonade
poivre fraîchement moulu

Retirez les côtelettes de porc de l'os et coupez la viande en cubes. Mélangez le gingembre, l'ail, 30 ml/2 cuillères à soupe de sauce soja et le vin ou le xérès, versez sur le porc et laissez mariner 30 minutes en remuant de temps en temps. Retirez la viande de la marinade. Faites chauffer l'huile et faites frire le porc jusqu'à ce qu'il soit légèrement doré. Ajoutez la ciboulette et faites revenir 1 minute. Mélangez le reste de sauce soja avec le sucre et une pincée de poivre. Mélanger avec la sauce, porter à ébullition, couvrir et cuire environ 30 minutes jusqu'à ce que le porc soit tendre.

Porc aux Champignons

Pour 4 portions
25 g/1 oz de champignons chinois séchés
30 ml / 2 cuillères à soupe d'huile d'arachide (cacahuètes)
1 gousse d'ail, hachée
225 g/8 oz de porc maigre, tranché
4 oignons nouveaux (oignons verts), hachés
15 ml / 1 cuillère à soupe de sauce soja
15 ml / 1 cuillère à soupe de vin de riz ou de xérès sec

5 ml/1 cuillère à café d'huile de sésame

Faites tremper les champignons dans l'eau tiède pendant 30 minutes et égouttez-les. Jetez les tiges et coupez les sommets. Faites chauffer l'huile et faites revenir l'ail jusqu'à ce qu'il soit légèrement doré. Ajouter le porc et faire revenir jusqu'à ce qu'il soit doré. Ajouter les échalotes, les champignons, la sauce soja et le vin ou le xérès et faire sauter pendant 3 minutes. Incorporer l'huile de sésame et servir immédiatement.

pain de viande cuit à la vapeur

Pour 4 portions

450 g/1 lb de porc haché (haché)
4 châtaignes d'eau hachées finement
225 g de champignons finement hachés
5 ml/1 cuillère à café de sauce soja
sel et poivre fraîchement moulu
1 œuf légèrement battu

Mélangez bien tous les ingrédients et façonnez le mélange en forme de gâteau plat dans un plat allant au four. Placez le plat sur une grille dans un cuiseur vapeur, couvrez et faites cuire à la vapeur pendant 1h30.

Cochon Rouge Aux Champignons

Pour 4 portions

450 g de porc maigre, coupé en dés

250 ml / 8 fl oz / 1 tasse d'eau

15 ml / 1 cuillère à soupe de sauce soja

15 ml / 1 cuillère à soupe de vin de riz ou de xérès sec

5 ml/1 cuillère à café de sucre

5 ml/1 cuillère à café de sel
225 g de champignons

Mettez le porc et l'eau dans une casserole et portez l'eau à ébullition. Couvrir et cuire 30 minutes puis égoutter en réservant le bouillon. Remettez le porc dans la poêle et ajoutez la sauce soja. Cuire à feu doux en remuant jusqu'à ce que la sauce soja soit absorbée. Mélangez le vin ou le xérès, le sucre et le sel. Versez le bouillon réservé, portez à ébullition, couvrez et laissez cuire environ 30 minutes en retournant la viande de temps en temps. Ajoutez les champignons et laissez cuire encore 20 minutes.

Crêpe de porc aux nouilles

Pour 4 portions

30 ml / 2 cuillères à soupe d'huile d'arachide (cacahuètes)
5 ml / 2 cuillères à café de sel
225 g de porc maigre, coupé en lanières
225 g/8 oz de bok choy, haché

100 g de pousses de bambou hachées

100 g de champignons émincés

150 ml/¼ pt/beaucoup ½ tasse de bouillon de poulet

10 ml / 2 cuillères à café de farine de maïs (amidon de maïs)

15 ml / 1 cuillère à soupe de vin de riz ou de xérès sec

15 ml / 1 cuillère à soupe d'eau

crêpe macaroni

Faites chauffer l'huile et faites revenir le sel et le porc jusqu'à ce qu'ils soient légèrement dorés. Ajoutez le chou, les pousses de bambou et les champignons et faites sauter pendant 1 minute. Ajouter le bouillon, porter à ébullition, couvrir et cuire 4 minutes jusqu'à ce que le porc soit cuit. Fouettez la semoule de maïs en une pâte avec le vin ou le xérès et l'eau, remuez dans la poêle et faites cuire en remuant jusqu'à ce que la sauce soit légère et épaissie. Verser sur la pâte à crêpes pour servir.

Porc et crevettes avec crêpe aux nouilles

Pour 4 portions

30 ml / 2 cuillères à soupe d'huile d'arachide (cacahuètes)

5 ml/1 cuillère à café de sel

4 oignons nouveaux (oignons verts), hachés

1 gousse d'ail, écrasée

225 g de porc maigre, coupé en lanières

100 g de champignons tranchés

4 branches de céleri, tranchées

225 g de crevettes décortiquées

30 ml / 2 cuillères à soupe de sauce soja

10 ml / 1 cuillère à café de farine de maïs (amidon de maïs)

45 ml / 3 cuillères à soupe d'eau

crêpe macaroni

Faites chauffer l'huile et le sel et faites revenir l'oignon et l'ail jusqu'à ce qu'ils soient dorés. Ajouter le porc et faire revenir jusqu'à ce qu'il soit légèrement doré. Ajouter les champignons et le céleri et faire revenir 2 minutes. Ajouter les crevettes, saupoudrer de sauce soja et remuer jusqu'à ce qu'elles soient bien chaudes. Fouetter la semoule de maïs et l'eau jusqu'à ce qu'une pâte se forme, incorporer dans la poêle et cuire en remuant jusqu'à ce qu'elle soit chaude. Verser sur la pâte à crêpes pour servir.

Porc à la sauce d'huîtres

Pour 4 à 6 personnes

450 g de porc maigre

15 ml / 1 cuillère à soupe de farine de maïs (amidon de maïs)

10 ml / 2 cuillères à café de vin de riz ou de xérès sec

Une pincée de sucre

45 ml / 3 cuillères à soupe d'huile d'arachide (cacahuètes)
10 ml / 2 cuillères à café d'eau
30 ml / 2 cuillères à soupe de sauce aux huîtres
poivre fraîchement moulu
1 tranche de racine de gingembre, hachée
60 ml / 4 cuillères à soupe de bouillon de poulet

Tranchez finement le porc contre le grain. Mélangez 5 ml/1 cuillère à café de semoule de maïs avec le vin ou le xérès, le sucre et 5 ml/1 cuillère à café d'huile, ajoutez au porc et mélangez bien pour bien enrober. Mélangez le reste de semoule de maïs avec l'eau, la sauce aux huîtres et une pincée de poivre. Faites chauffer le reste de l'huile et faites revenir le gingembre pendant 1 minute. Ajouter le porc et faire revenir jusqu'à ce qu'il soit légèrement doré. Ajoutez le bouillon, l'eau et la sauce d'huîtres, portez à ébullition, couvrez et laissez cuire 3 minutes.

Porc aux cacahuètes

Pour 4 portions
450 g de porc maigre, coupé en dés
15 ml / 1 cuillère à soupe de farine de maïs (amidon de maïs)
5 ml/1 cuillère à café de sel
1 blanc d'oeuf
3 oignons nouveaux (oignons verts), hachés

1 gousse d'ail, hachée

1 tranche de racine de gingembre, hachée

45 ml / 3 cuillères à soupe de bouillon de poulet

15 ml / 1 cuillère à soupe de vin de riz ou de xérès sec

15 ml / 1 cuillère à soupe de sauce soja

10 ml / 2 cuillères à café de mélasse verte

45 ml / 3 cuillères à soupe d'huile d'arachide (cacahuètes)

½ concombre, coupé en dés

25 g / 1 oz / ¼ tasse d'arachides décortiquées

5 ml/1 cuillère à café d'huile de piment

Mélanger le porc avec la moitié de la semoule de maïs, le sel et le blanc d'œuf et bien mélanger pour bien enrober le porc. Mélangez le reste de la semoule de maïs avec les échalotes, l'ail, le gingembre, le bouillon, le vin ou le xérès, la sauce soja et la mélasse. Faites chauffer l'huile et faites frire le porc jusqu'à ce qu'il soit légèrement doré, puis retirez-le de la poêle. Ajouter le concombre dans la poêle et faire revenir quelques minutes. Remettez le porc dans la poêle et mélangez légèrement. Ajouter le mélange d'épices, porter à ébullition et cuire en remuant jusqu'à ce que la sauce soit légère et épaissie. Incorporer les cacahuètes et l'huile de piment et réchauffer avant de servir.

Porc aux poivrons

Pour 4 portions

45 ml / 3 cuillères à soupe d'huile d'arachide (cacahuètes)

225 g/8 oz de porc maigre, coupé en dés

1 oignon, coupé en dés

2 poivrons verts, hachés

½ tête de feuilles chinoises coupées en cubes

1 tranche de racine de gingembre, hachée

15 ml / 1 cuillère à soupe de sauce soja

15 ml / 1 cuillère à soupe de sucre

2,5 ml/½ cuillère à café de sel

Faites chauffer l'huile et faites frire le porc pendant environ 4 minutes jusqu'à ce qu'il soit doré. Ajouter l'oignon et faire revenir environ 1 minute. Ajouter les poivrons et faire revenir 1 minute. Ajoutez les feuilles de chinois et faites revenir 1 minute. Mélangez le reste des ingrédients, incorporez-les dans la poêle et faites frire encore 2 minutes.

Porc épicé aux cornichons

Pour 4 portions

900 g / 2 lb de côtelettes de porc

30 ml / 2 cuillères à soupe de farine de maïs (amidon de maïs)

45 ml / 3 cuillères à soupe de sauce soja

30 ml / 2 cuillères à soupe de xérès doux

5 ml/1 cuillère à café de racine de gingembre râpée
2,5 ml/½ cuillère à café de poudre aux cinq épices
pincée de poivre fraîchement moulu
huile de friture
60 ml / 4 cuillères à soupe de bouillon de poulet
Légumes marinés chinois

Couper les côtelettes en jetant tout le gras et les os. Fouetter ensemble la semoule de maïs, 30 ml/2 cuillères à soupe de sauce soja, le xérès, le gingembre, la poudre de cinq épices et le poivre. Verser sur le porc et remuer pour bien l'enrober. Couvrir et laisser mariner 2 heures en retournant de temps en temps. Faites chauffer l'huile et faites frire le porc jusqu'à ce qu'il soit doré et bien cuit. Égoutter sur du papier absorbant. Coupez le porc en tranches épaisses, transférez-le dans une assiette chauffée et réservez au chaud. Mélangez le bouillon et le reste de la sauce soja dans une petite casserole. Portez à ébullition et versez sur les tranches de porc. Servir garni de cornichons mélangés.

Porc à la sauce aux prunes

Pour 4 portions
450 g/1 lb de porc braisé, coupé en dés
2 gousses d'ail, écrasées
sel

60 ml/4 cuillères à soupe de ketchup aux tomates (catsup)
30 ml / 2 cuillères à soupe de sauce soja
45 ml / 3 cuillères à soupe de sauce aux prunes
5 ml/1 cuillère à café de curry en poudre
5 ml/1 cuillère à café de paprika
2,5 ml/½ cuillère à café de poivre fraîchement moulu
45 ml / 3 cuillères à soupe d'huile d'arachide (cacahuètes)
6 oignons nouveaux (oignons verts), coupés en lanières
4 carottes, coupées en lanières

Faire mariner la viande avec l'ail, le sel, le ketchup, la sauce soja, la sauce aux prunes, le curry, le paprika et le poivre pendant 30 minutes. Faites chauffer l'huile et faites frire la viande jusqu'à ce qu'elle soit légèrement dorée. Retirer du wok. Ajouter les légumes à l'huile et faire revenir jusqu'à ce qu'ils soient tendres. Remettez la viande dans la poêle et réchauffez-la doucement avant de servir.

Porc aux crevettes

Pour 6 à 8 personnes
900 g / 2 lb de porc maigre
30 ml / 2 cuillères à soupe d'huile d'arachide (cacahuètes)
1 oignon, tranché
1 échalote (oignon vert), hachée

2 gousses d'ail, écrasées
30 ml / 2 cuillères à soupe de sauce soja
50 g de crevettes décortiquées et hachées
(plancher)
600 ml / 1 pt / 2½ tasses d'eau bouillante
15 ml / 1 cuillère à soupe de sucre

Faites bouillir une casserole d'eau, ajoutez le porc, couvrez et laissez cuire 10 minutes. Retirer de la poêle, bien égoutter et couper en cubes. Faites chauffer l'huile et faites revenir l'oignon, la ciboulette et l'ail jusqu'à ce qu'ils soient légèrement dorés. Ajouter le porc et faire revenir jusqu'à ce qu'il soit légèrement doré. Ajouter la sauce soja et les crevettes et faire revenir 1 minute. Ajoutez l'eau bouillante et le sucre, couvrez et laissez cuire environ 40 minutes jusqu'à ce que le porc soit tendre.

Cochon rouge

Pour 4 portions
675 g / 1½ lb de porc maigre, coupé en dés
250 ml / 8 fl oz / 1 tasse d'eau
1 tranche de racine de gingembre, écrasée

60 ml / 4 cuillères à soupe de sauce soja
15 ml / 1 cuillère à soupe de vin de riz ou de xérès sec
5 ml/1 cuillère à café de sel
10 ml / 2 cuillères à café de cassonade

Mettez le porc et l'eau dans une casserole et portez l'eau à ébullition. Ajoutez le gingembre, la sauce soja, le xérès et le sel, couvrez et laissez mijoter 45 minutes. Ajoutez le sucre, retournez la viande, couvrez et laissez cuire encore 45 minutes jusqu'à ce que le porc soit tendre.

Porc à la sauce rouge

Pour 4 portions
30 ml / 2 cuillères à soupe d'huile d'arachide (cacahuètes)
225 g de rognons de porc coupés en lanières
450 g de porc, coupé en lanières
1 oignon, tranché

4 oignons nouveaux (oignons verts), coupés en lanières

2 carottes, coupées en lanières

1 branche de céleri, coupée en lanières

1 poivron rouge, coupé en lanières

45 ml / 3 cuillères à soupe de sauce soja

45 ml/3 cuillères à soupe de vin blanc sec

300 ml / ½ pt / 1¼ tasse de bouillon de poulet

30 ml / 2 cuillères à soupe de sauce aux prunes

30 ml/2 cuillères à soupe de vinaigre de vin

5 ml/1 cuillère à café de poudre de cinq épices

5 ml / 1 cuillère à café de cassonade

15 ml / 1 cuillère à soupe de farine de maïs (amidon de maïs)

15 ml / 1 cuillère à soupe d'eau

Faites chauffer l'huile et faites revenir les rognons pendant 2 minutes, puis retirez-les de la poêle. Faites chauffer l'huile et faites frire le porc jusqu'à ce qu'il soit doré. Ajoutez les légumes et faites revenir 3 minutes. Ajouter la sauce soja, le vin, le bouillon, la sauce aux prunes, le vinaigre de vin, la poudre de cinq épices et le sucre, porter à ébullition, couvrir et cuire 30 minutes jusqu'à ce qu'ils soient bien cuits. Ajoutez les rognons. Mélangez la semoule de maïs et l'eau et mélangez dans la casserole. Porter à ébullition et cuire en remuant jusqu'à ce que la sauce épaississe.

Porc aux nouilles de riz

Pour 4 portions

4 champignons chinois séchés
100 g de nouilles de riz

225 g de porc maigre, coupé en lanières

15 ml / 1 cuillère à soupe de farine de maïs (amidon de maïs)

15 ml / 1 cuillère à soupe de sauce soja

15 ml / 1 cuillère à soupe de vin de riz ou de xérès sec

45 ml / 3 cuillères à soupe d'huile d'arachide (cacahuètes)

2,5 ml/½ cuillère à café de sel

1 tranche de racine de gingembre, hachée

2 branches de céleri, hachées

120 ml / 4 fl oz / ½ tasse de bouillon de poulet

2 oignons nouveaux (oignons verts), tranchés

Faites tremper les champignons dans l'eau tiède pendant 30 minutes et égouttez-les. Jeter les tiges et couper le dessus. Faites tremper les pâtes dans l'eau tiède pendant 30 minutes, égouttez-les et coupez-les en morceaux de 5 cm/2 cm. Placer le porc dans un bol. Fouetter ensemble la semoule de maïs, la sauce soja et le vin ou le xérès, verser sur le porc et mélanger. Faites chauffer l'huile et faites revenir le sel et le gingembre pendant quelques secondes. Ajouter le porc et faire revenir jusqu'à ce qu'il soit légèrement doré. Ajouter les champignons et le céleri et faire revenir 1 minute. Ajoutez le bouillon, portez à ébullition, couvrez et laissez cuire 2 minutes. Ajouter les nouilles et chauffer pendant 2 minutes. Incorporer la ciboulette et servir aussitôt.

Dumplings de porc riches

Pour 4 portions

450 g/1 lb de porc haché (haché)
100 g de tofu mélangé

4 châtaignes d'eau hachées finement

sel et poivre fraîchement moulu

120 ml / 4 fl oz / ½ tasse d'huile d'arachide (cacahuètes)

1 tranche de racine de gingembre, hachée

600 ml / 1 pt / 2½ tasses de bouillon de poulet

15 ml / 1 cuillère à soupe de sauce soja

5 ml / 1 cuillère à café de cassonade

5 ml/1 cuillère à café de vin de riz ou de xérès sec

Incorporer le porc, le tofu et les châtaignes et assaisonner de sel et de poivre. Formez de grosses boules. Faites chauffer l'huile et faites frire les boulettes de porc jusqu'à ce qu'elles soient dorées de tous les côtés et retirez-les de la poêle. Égoutter tout sauf 15 ml/1 cuillère à soupe d'huile et ajouter le gingembre, le bouillon, la sauce soja, le sucre et le vin ou le xérès. Remettez les boulettes de porc dans la poêle, portez à ébullition et laissez cuire lentement pendant 20 minutes jusqu'à ce qu'elles soient bien cuites.

Côtelettes de porc rôties

Pour 4 portions

4 côtelettes de porc

75 ml / 5 cuillères à soupe de sauce soja

huile de friture

100 g de céleri

3 oignons nouveaux (oignons verts), hachés

1 tranche de racine de gingembre, hachée

15 ml / 1 cuillère à soupe de vin de riz ou de xérès sec

120 ml / 4 fl oz / ½ tasse de bouillon de poulet

sel et poivre fraîchement moulu

5 ml/1 cuillère à café d'huile de sésame

Tremper les côtelettes de porc dans la sauce soja jusqu'à ce qu'elles soient bien enrobées. Faites chauffer l'huile et faites frire les côtelettes jusqu'à ce qu'elles soient dorées. Retirer et bien égoutter. Placez le céleri au fond d'un plat réfractaire peu profond. Saupoudrer d'échalotes et de gingembre et déposer dessus les côtelettes de porc. Versez dessus le vin ou le xérès et le bouillon et assaisonnez de sel et de poivre. Saupoudrer d'huile de sésame. Cuire au four préchauffé à 200°C/400°C/thermostat 6 pendant 15 minutes.

porc salé

Pour 4 portions

1 concombre, coupé en dés

sel

450 g de porc maigre, coupé en dés

5 ml / 1 cuillère à café de sel

45 ml / 3 cuillères à soupe de sauce soja

30 ml / 2 cuillères à soupe de vin de riz ou de xérès sec

30 ml / 2 cuillères à soupe de farine de maïs (amidon de maïs)

15 ml / 1 cuillère à soupe de cassonade

60 ml / 4 cuillères à soupe d'huile d'arachide (cacahuètes)

1 tranche de racine de gingembre, hachée

1 gousse d'ail, hachée

1 piment rouge épépiné et haché

60 ml / 4 cuillères à soupe de bouillon de poulet

Saupoudrer le concombre de sel et réserver. Mélangez le porc, le sel, 15 ml/1 cuillère à soupe de sauce soja, 15 ml/1 cuillère à soupe de vin ou de xérès, 15 ml/1 cuillère à soupe de maïzena, la cassonade et 15 ml/1 cuillère à soupe d'huile d'olive. Laisser reposer 30 minutes et retirer la viande de la marinade. Faites chauffer le reste de l'huile et faites frire le porc jusqu'à ce qu'il soit légèrement doré. Ajoutez le gingembre, l'ail et le piment et faites revenir pendant 2 minutes. Ajouter le concombre et faire revenir 2 minutes. Incorporer le bouillon et le reste de la sauce soja, le vin ou le xérès et la semoule de maïs à la marinade. Incorporez-le dans la casserole et portez à ébullition en remuant.

Cuire en remuant jusqu'à ce que la sauce s'éclaircisse et épaississe et continuez à mijoter jusqu'à ce que la viande soit cuite.

Tranches de porc glissantes

Pour 4 portions

225 g/8 oz de porc maigre, tranché

2 blancs d'œufs

15 ml / 1 cuillère à soupe de farine de maïs (amidon de maïs)

45 ml / 3 cuillères à soupe d'huile d'arachide (cacahuètes)

50 g de pousses de bambou, tranchées

6 oignons nouveaux (oignons verts), hachés

2,5 ml/½ cuillère à café de sel

15 ml / 1 cuillère à soupe de vin de riz ou de xérès sec

150 ml/¼ pt/beaucoup ½ tasse de bouillon de poulet

Mélanger le porc avec les blancs d'œufs et la semoule de maïs jusqu'à ce qu'ils soient bien enrobés. Faites chauffer l'huile et faites frire le porc jusqu'à ce qu'il soit légèrement doré, puis retirez-le de la poêle. Ajoutez les pousses de bambou et les oignons nouveaux et faites revenir 2 minutes. Remettez le porc dans la casserole avec le sel, le vin ou le xérès et le bouillon de poulet. Porter à ébullition et cuire en remuant pendant 4 minutes, jusqu'à ce que le porc soit bien cuit.

Porc aux épinards et carottes

Pour 4 portions

225 g de porc maigre
2 carottes, coupées en lanières
225 g d'épinards
45 ml / 3 cuillères à soupe d'huile d'arachide (cacahuètes)
1 échalote (oignon nouveau), hachée finement
15 ml / 1 cuillère à soupe de sauce soja
2,5 ml/½ cuillère à café de sel
10 ml / 2 cuillères à café de farine de maïs (amidon de maïs)
30 ml / 2 cuillères à soupe d'eau

Tranchez finement le porc contre le grain et coupez-le en lanières. Faites cuire les carottes environ 3 minutes et égouttez-les. Coupez les feuilles d'épinards en deux. Faites chauffer l'huile et faites revenir la ciboulette jusqu'à ce qu'elle soit translucide. Ajouter le porc et faire revenir jusqu'à ce qu'il soit légèrement doré. Ajouter les carottes et la sauce soja et faire revenir 1 minute. Ajoutez le sel et les épinards et faites revenir environ 30 secondes jusqu'à ce qu'ils commencent à ramollir. Mélangez la maïzena et l'eau pour former une pâte, incorporez-la à la sauce et faites-la revenir jusqu'à ce qu'elle soit pâle et servez en une seule fois.

porc cuit à la vapeur

Pour 4 portions

450 g de porc maigre, coupé en dés

120 ml / 4 fl oz / ½ tasse de sauce soja

120 ml / 4 fl oz / ½ tasse de vin de riz ou de xérès sec

15 ml / 1 cuillère à soupe de cassonade

Mélangez tous les ingrédients et placez-les dans un bol résistant à la chaleur. Cuire à la vapeur sur une grille au-dessus de l'eau bouillante pendant environ 1 1/2 heures jusqu'à ce qu'il soit bien cuit.

Porc frit

Pour 4 portions

25 g/1 oz de champignons chinois séchés
15 ml / 1 cuillère à soupe d'huile d'arachide
450 g de porc maigre, tranché
1 poivron vert, coupé en dés
15 ml / 1 cuillère à soupe de sauce soja
15 ml / 1 cuillère à soupe de vin de riz ou de xérès sec
5 ml/1 cuillère à café de sel
5 ml/1 cuillère à café d'huile de sésame

Faites tremper les champignons dans l'eau tiède pendant 30 minutes et égouttez-les. Jetez les tiges et coupez les sommets. Faites chauffer l'huile et faites frire le porc jusqu'à ce qu'il soit légèrement doré. Ajouter le poivre et faire sauter pendant 1 minute. Ajoutez les champignons, la sauce soja, le vin ou le xérès et le sel et faites revenir quelques minutes jusqu'à ce que la viande soit cuite. Incorporer l'huile de sésame avant de servir.

Porc aux patates douces

Pour 4 portions

huile de friture

2 grosses patates douces, coupées en quartiers

30 ml / 2 cuillères à soupe d'huile d'arachide (cacahuètes)

1 tranche de racine de gingembre, tranchée

1 oignon, tranché

450 g de porc maigre, coupé en dés

15 ml / 1 cuillère à soupe de sauce soja

2,5 ml/½ cuillère à café de sel

poivre fraîchement moulu

250 ml / 8 fl oz / 1 tasse de bouillon de poulet

30 ml/2 cuillères à soupe de curry en poudre

Faites chauffer l'huile et faites frire les patates douces jusqu'à ce qu'elles soient dorées. Retirer de la poêle et bien égoutter. Faites chauffer l'huile d'arachide et faites revenir le gingembre et l'oignon jusqu'à ce qu'ils soient légèrement dorés. Ajouter le porc et faire revenir jusqu'à ce qu'il soit légèrement doré. Ajoutez la sauce soja, le sel et une pincée de poivre, puis ajoutez le bouillon et le curry, portez à ébullition et laissez cuire 1 minute en remuant. Ajoutez les chips, couvrez et laissez cuire 30 minutes jusqu'à ce que le porc soit cuit.

Porc aigre-doux

Pour 4 portions

450 g de porc maigre, coupé en dés
15 ml / 1 cuillère à soupe de vin de riz ou de xérès sec
15 ml / 1 cuillère à soupe d'huile d'arachide
5 ml/1 cuillère à café de curry en poudre
1 œuf battu
sel
100 g de farine de maïs (amidon de maïs)
huile de friture
1 gousse d'ail, écrasée
75 g / 3 oz / ½ tasse de sucre
50 g de ketchup aux tomates (catsup)
5 ml/1 cuillère à café de vinaigre de vin
5 ml/1 cuillère à café d'huile de sésame

Mélangez le porc avec le vin ou le xérès, l'huile d'olive, la poudre de curry, l'œuf et un peu de sel. Incorporer la semoule de maïs jusqu'à ce que le porc soit recouvert de pâte. Faites chauffer l'huile jusqu'à ce qu'elle fume et ajoutez les cubes de porc plusieurs fois. Faire frire environ 3 minutes, égoutter et réserver. Faites chauffer l'huile et faites revenir les cubes pendant environ 2 minutes. Retirer et égoutter. Faites chauffer l'ail, le sucre, le ketchup et le vinaigre de vin en remuant jusqu'à ce que le sucre se dissolve. Portez à ébullition, puis ajoutez les cubes de porc et mélangez bien. Mélanger avec de l'huile de sésame et servir.

porc salé

Pour 4 portions

30 ml / 2 cuillères à soupe d'huile d'arachide (cacahuètes)

450 g de porc maigre, coupé en dés

3 oignons nouveaux (oignons verts), tranchés

2 gousses d'ail, écrasées

1 tranche de racine de gingembre, hachée

250 ml / 8 fl oz / 1 tasse de sauce soja

30 ml / 2 cuillères à soupe de vin de riz ou de xérès sec

30 ml / 2 cuillères à soupe de cassonade

5 ml/1 cuillère à café de sel

600 ml / 1 pt / 2½ tasses d'eau

Faites chauffer l'huile et faites frire le porc jusqu'à ce qu'il soit doré. Égoutter l'excès d'huile, ajouter les échalotes, l'ail et le gingembre et faire revenir pendant 2 minutes. Ajoutez la sauce soja, le vin ou le xérès, le sucre et le sel et mélangez bien. Ajouter l'eau, porter à ébullition, couvrir et cuire 1 heure.

Porc au tofu

Pour 4 portions

450 g de porc maigre

45 ml / 3 cuillères à soupe d'huile d'arachide (cacahuètes)

1 oignon, tranché

1 gousse d'ail, écrasée

225 g de tofu, coupé en cubes

375 ml / 13 fl oz / 1½ tasse de bouillon de poulet

15 ml / 1 cuillère à soupe de cassonade

60 ml / 4 cuillères à soupe de sauce soja

2,5 ml/½ cuillère à café de sel

Placer le porc dans une casserole et couvrir d'eau. Portez à ébullition puis laissez cuire 5 minutes. Égoutter et laisser refroidir et couper en cubes.

Faites chauffer l'huile et faites revenir l'oignon et l'ail jusqu'à ce qu'ils soient légèrement dorés. Ajouter le porc et faire revenir jusqu'à ce qu'il soit légèrement doré. Ajouter le tofu et mélanger doucement jusqu'à ce qu'il soit enrobé d'huile. Ajouter le bouillon, le sucre, la sauce soja et le sel, porter à ébullition, couvrir et cuire environ 40 minutes jusqu'à ce que le porc soit tendre.

porc mou

Pour 4 portions

225 g/8 oz de filet de porc, coupé en dés
1 blanc d'oeuf
30 ml / 2 cuillères à soupe de vin de riz ou de xérès sec
sel
225 g / 8 onces de farine de maïs (amidon de maïs)
huile de friture

Mélangez le porc avec le blanc d'œuf, le vin ou le xérès et un peu de sel. Incorporez progressivement suffisamment de semoule de maïs pour obtenir une pâte épaisse. Faites chauffer l'huile et faites frire le porc jusqu'à ce qu'il soit doré et croustillant à l'extérieur et tendre à l'intérieur.

Deux fois un cochon

Pour 4 portions

225 g de porc maigre
45 ml / 3 cuillères à soupe d'huile d'arachide (cacahuètes)
2 poivrons verts, coupés en morceaux
2 gousses d'ail, hachées
2 oignons nouveaux (oignons verts), tranchés
15 ml / 1 cuillère à soupe de sauce aux haricots épicée
15 ml / 1 cuillère à soupe de bouillon de poulet
5 ml/1 cuillère à café de sucre

Mettez le morceau de porc dans une casserole, couvrez d'eau, portez à ébullition et laissez cuire 20 minutes jusqu'à ce qu'il soit cuit. Égouttez et égouttez et laissez refroidir. Trancher finement.

Faites chauffer l'huile et faites frire le porc jusqu'à ce qu'il soit légèrement doré. Ajoutez le poivron, l'ail et la ciboulette et faites revenir 2 minutes. Retirer de la poêle. Ajouter la sauce aux haricots, le bouillon et le sucre dans la casserole et cuire en remuant pendant 2 minutes. Remettre le porc et les poivrons et faire sauter jusqu'à ce qu'ils soient bien chauds. Sers immédiatement.

Porc aux légumes

Pour 4 portions

2 gousses d'ail, écrasées
5 ml/1 cuillère à café de sel
2,5 ml/½ cuillère à café de poivre fraîchement moulu
30 ml / 2 cuillères à soupe d'huile d'arachide (cacahuètes)
30 ml / 2 cuillères à soupe de sauce soja
225 g de fleurons de brocoli
200 g de fleurons de chou-fleur
1 poivron rouge, coupé en dés
1 oignon haché
2 oranges pelées et coupées en cubes
1 morceau de tige de gingembre hachée
30 ml / 2 cuillères à soupe de farine de maïs (amidon de maïs)
300 ml / ½ pt / 1 ¼ tasse d'eau
20 ml/2 cuillères à soupe de vinaigre de vin
15 ml/1 cuillère à soupe de miel
pincée de gingembre moulu

2,5 ml/½ cuillère à café de cumin

Écrasez l'ail, le sel et le poivre dans la viande. Faites chauffer l'huile et faites frire la viande jusqu'à ce qu'elle soit légèrement dorée. Retirer de la poêle. Ajoutez la sauce soja et les légumes dans la poêle et faites sauter jusqu'à ce qu'ils soient tendres mais toujours croquants. Ajoutez les oranges et le gingembre. Mélangez la semoule de maïs et l'eau et mélangez dans la casserole avec le vinaigre de vin, le miel, le gingembre et le cumin. Porter à ébullition et cuire 2 minutes en remuant. Remettez le porc dans la poêle et réchauffez-le avant de servir.

Porc aux noix

Pour 4 portions

50 g / 2 oz / ½ tasse de noix

225 g de porc maigre, coupé en lanières

30 ml / 2 cuillères à soupe de farine (tout usage)

30 ml / 2 cuillères à soupe de cassonade

30 ml / 2 cuillères à soupe de sauce soja

huile de friture

15 ml / 1 cuillère à soupe d'huile d'arachide

Blanchir les noix dans l'eau bouillante pendant 2 minutes et égoutter. Mélanger le porc avec la farine, le sucre et 15 ml/1 cuillère à soupe de sauce soja jusqu'à ce qu'il soit bien enrobé. Faites chauffer l'huile et faites frire le porc jusqu'à ce qu'il soit croustillant et doré. Égoutter sur du papier absorbant. Faites chauffer l'huile d'arachide et faites frire les noix jusqu'à ce qu'elles soient dorées. Ajouter le porc dans la poêle, saupoudrer du reste de sauce soja et faire revenir jusqu'à ce qu'il soit chaud.

wonton au porc

Pour 4 portions

450 g/1 lb de porc haché (haché)
1 échalote (oignon vert), hachée
225 g de légumes mélangés, hachés
30 ml / 2 cuillères à soupe de sauce soja
5 ml/1 cuillère à café de sel
40 peaux de wonton
huile de friture

Faites chauffer une poêle et faites revenir le porc et la ciboulette jusqu'à ce qu'ils soient légèrement dorés. Retirer du feu et ajouter les légumes, la sauce soja et le sel.

Pour plier les wontons, tenez la peau dans le creux de votre main gauche et déposez un peu de garniture au centre. Humidifiez les bords avec l'œuf et pliez la peau en triangle en scellant les bords. Humidifiez les coins avec l'œuf et tournez-les ensemble.

Faites chauffer l'huile et faites frire les wontons quelques-uns à la fois jusqu'à ce qu'ils soient dorés. Bien égoutter avant de servir.

Porc aux châtaignes d'eau

Pour 4 portions

45 ml / 3 cuillères à soupe d'huile d'arachide (cacahuètes)
1 gousse d'ail, écrasée
1 échalote (oignon vert), hachée
1 tranche de racine de gingembre, hachée
225 g de porc maigre, coupé en lanières
100 g de châtaignes d'eau tranchées finement
45 ml / 3 cuillères à soupe de sauce soja
15 ml / 1 cuillère à soupe de vin de riz ou de xérès sec
5 ml / 1 cuillère à café de farine de maïs (amidon de maïs)

Faites chauffer l'huile et faites revenir l'ail, l'échalote et le gingembre jusqu'à ce qu'ils soient légèrement dorés. Ajouter le porc et faire revenir 10 minutes jusqu'à ce qu'il soit doré. Ajoutez les châtaignes d'eau et faites revenir 3 minutes. Ajouter les autres ingrédients et faire sauter pendant 3 minutes.

Wontons au porc et aux crevettes

Pour 4 portions

225 g/8 oz de porc haché (haché)
2 oignons nouveaux (oignons verts), hachés
100 g de légumes mélangés hachés
100 g de champignons hachés
225 g de crevettes décortiquées et hachées
15 ml / 1 cuillère à soupe de sauce soja
2,5 ml/½ cuillère à café de sel
40 peaux de wonton
huile de friture

Faites chauffer une poêle et faites revenir le porc et la ciboulette jusqu'à ce qu'ils soient légèrement dorés. Ajoutez le reste des ingrédients.

Pour plier les wontons, tenez la peau dans le creux de votre main gauche et déposez un peu de garniture au centre. Humidifiez les bords avec l'œuf et pliez la peau en triangle en scellant les bords. Humidifiez les coins avec l'œuf et tournez-les ensemble.

Faites chauffer l'huile et faites frire les wontons quelques-uns à la fois jusqu'à ce qu'ils soient dorés. Bien égoutter avant de servir.

Boulettes de viande hachée cuites à la vapeur

Pour 4 portions

2 gousses d'ail, écrasées
2,5 ml/½ cuillère à café de sel
450 g/1 lb de porc haché (haché)
1 oignon haché
1 poivron rouge, haché
1 poivron vert, haché
2 morceaux de tige de gingembre hachée
5 ml/1 cuillère à café de curry en poudre
5 ml/1 cuillère à café de paprika
1 œuf battu
45 ml / 3 cuillères à soupe de farine de maïs (amidon de maïs)
50 g de riz à grains courts
sel et poivre fraîchement moulu
60 ml / 4 cuillères à soupe de ciboulette hachée

Incorporer l'ail, le sel, le porc, l'oignon, le piment, le gingembre, la poudre de curry et le paprika. Incorporez l'œuf au mélange avec la farine de maïs et le riz. Assaisonnez de sel et de poivre, puis ajoutez la ciboulette. Avec les mains mouillées, façonnez le mélange en petites boules. Placez-les dans un panier vapeur, couvrez et faites cuire dans l'eau bouillante pendant 20 minutes jusqu'à ce qu'ils soient cuits.

Côtes levées sauce haricots noirs

Pour 4 portions

900 g / 2 lb de côtes de porc

2 gousses d'ail, écrasées

2 oignons nouveaux (oignons verts), hachés

30 ml / 2 cuillères à soupe de sauce aux haricots noirs

30 ml / 2 cuillères à soupe de vin de riz ou de xérès sec

15 ml / 1 cuillère à soupe d'eau

30 ml / 2 cuillères à soupe de sauce soja

15 ml / 1 cuillère à soupe de farine de maïs (amidon de maïs)

5 ml/1 cuillère à café de sucre

120 ml / 4 fl oz ½ tasse d'eau

30 ml/2 cuillères à soupe d'huile

2,5 ml/½ cuillère à café de sel

120 ml / 4 fl oz / ½ tasse de bouillon de poulet

Coupez les côtes en 2,5 cm/1. Ajoutez l'ail, la ciboulette, la sauce aux haricots noirs, le vin ou le xérès, l'eau et 15 ml/1 cuillère à soupe de sauce soja. Mélangez le reste de la sauce soja avec la maïzena, le sucre et l'eau. Faites chauffer l'huile et le sel et faites revenir les côtes jusqu'à ce qu'elles soient dorées. Égoutter l'huile. Ajouter le mélange d'ail et faire revenir pendant 2 minutes. Ajoutez le bouillon, portez à ébullition, couvrez et laissez cuire 4 minutes. Ajouter le mélange de semoule de maïs et cuire en remuant jusqu'à ce que la sauce soit allégée et épaissie.

côtelettes braisées

Pour 4 portions

3 gousses d'ail écrasées
75 ml / 5 cuillères à soupe de sauce soja
60 ml/4 cuillères à soupe de sauce hoisin
60 ml / 4 cuillères à soupe de vin de riz ou de xérès sec
45 ml / 3 cuillères à soupe de cassonade
30 ml / 2 cuillères à soupe de purée de tomates (pâte)
900 g / 2 lb de côtes de porc
15 ml/1 cuillère à soupe de miel

Mélanger l'ail, la sauce soja, la sauce hoisin, le vin ou le xérès, la cassonade et la purée de tomates, verser sur les côtes levées, couvrir et laisser mariner toute la nuit.

Égouttez les côtes levées et placez-les sur une grille dans une casserole avec un peu d'eau en dessous. Cuire au four préchauffé à 180°C/350°F/gaz 4 pendant 45 minutes, en arrosant de temps en temps avec la marinade, en réservant 30 ml/2 cuillères à soupe de marinade. Mélangez la marinade réservée avec le miel et badigeonnez les côtes. Faire cuire au barbecue ou au grill (grill) sous un grill chaud pendant environ 10 minutes.

Escalope rôtie à l'érable

Pour 4 portions

900 g / 2 lb de côtes de porc
60 ml / 4 cuillères à soupe de sirop d'érable
5 ml/1 cuillère à café de sel
5 ml/1 cuillère à café de sucre
45 ml / 3 cuillères à soupe de sauce soja
15 ml / 1 cuillère à soupe de vin de riz ou de xérès sec
1 gousse d'ail, écrasée

Coupez les côtes levées en morceaux de 5 cm/2 cm et placez-les dans un bol. Mélangez tous les ingrédients, ajoutez les côtes levées et mélangez bien. Couvrir et laisser mariner toute la nuit. Griller (griller) ou griller à feu moyen pendant environ 30 minutes.

Escalopes frites

Pour 4 portions

900 g / 2 lb de côtes de porc
120 ml / 4 fl oz / ½ tasse de ketchup aux tomates (catsup)
120 ml / 4 fl oz / ½ tasse de vinaigre de vin
60 ml/4 cuillères à soupe de chutney de mangue
45 ml / 3 cuillères à soupe de vin de riz ou de xérès sec
2 gousses d'ail, hachées
5 ml/1 cuillère à café de sel
45 ml / 3 cuillères à soupe de sauce soja
30 ml/2 cuillères à soupe de miel

15 ml/1 cuillère à soupe de poudre de curry doux
15 ml/1 cuillère à soupe de paprika
huile de friture
60 ml / 4 cuillères à soupe de ciboulette hachée

Placer les côtes levées dans un bol. Mélanger tous les ingrédients sauf l'huile et la ciboulette, verser sur les côtes levées, couvrir et laisser mariner au moins 1 heure. Faites chauffer l'huile et faites revenir les côtes jusqu'à ce qu'elles soient croustillantes. Servir parsemé de ciboulette.

Côtes levées aux poireaux

Pour 4 portions
450 g de côtes de porc
huile de friture
250 ml / 8 fl oz / 1 tasse de bouillon
30 ml/2 cuillères à soupe de ketchup aux tomates (catsup)
2,5 ml/½ cuillère à café de sel
2,5 ml/½ cuillère à café de sucre
2 poireaux, coupés en morceaux
6 oignons nouveaux (oignons verts), coupés en petits morceaux
50 g de fleurons de brocoli

5 ml/1 cuillère à café d'huile de sésame

Couper les côtes levées en morceaux de 5 cm/2. Faites chauffer l'huile et faites revenir les côtes jusqu'à ce qu'elles commencent à dorer. Retirez-les de la poêle et versez-y tout sauf 30 ml/2 cuillères à soupe d'huile. Ajoutez le bouillon, le ketchup, le sel et le sucre, portez à ébullition et laissez cuire 1 minute. Remettez les côtes levées dans la poêle et faites cuire environ 20 minutes jusqu'à ce qu'elles soient tendres.

Pendant ce temps, faites chauffer encore 30 ml/2 cuillères à soupe d'huile et faites revenir les poireaux, les oignons nouveaux et le brocoli pendant environ 5 minutes. Arroser d'huile de sésame et disposer autour d'un plat de service chaud. Disposer les côtes levées et la sauce au centre et servir.

Escalopes aux champignons

Pour 4 à 6 personnes
6 champignons chinois séchés
900 g / 2 lb de côtes de porc
2 gousses d'anis étoilé
45 ml / 3 cuillères à soupe de sauce soja
5 ml/1 cuillère à café de sel
15 ml / 1 cuillère à soupe de farine de maïs (amidon de maïs)

Faites tremper les champignons dans l'eau tiède pendant 30 minutes et égouttez-les. Jeter les tiges et couper le dessus. Couper les côtes levées en morceaux de 5 cm/2. Portez une casserole d'eau à ébullition, ajoutez les côtes levées et laissez cuire 15 minutes. Sèche bien. Remettez les côtes levées dans la casserole et couvrez d'eau froide. Ajouter les champignons, l'anis étoilé, la sauce soja et le sel. Portez à ébullition, couvrez et laissez cuire environ 45 minutes jusqu'à ce que la viande soit tendre. Mélangez la fécule de maïs avec un peu d'eau froide, versez-la dans la casserole et faites cuire en remuant jusqu'à ce que la sauce s'éclaircisse et épaississe.

Escalopes à l'orange

Pour 4 portions

900 g / 2 lb de côtes de porc
5 ml / 1 cuillère à café de fromage râpé
5 ml / 1 cuillère à café de farine de maïs (amidon de maïs)
45 ml / 3 cuillères à soupe de vin de riz ou de xérès sec
sel
huile de friture

15 ml / 1 cuillère à soupe d'eau
2,5 ml/½ cuillère à café de sucre
15 ml / 1 cuillère à soupe de purée de tomates (pâte)
2,5 ml/½ cuillère à café de sauce chili
le zeste râpé d'1 orange
1 orange, tranchée

Coupez les côtes en morceaux et assaisonnez-les avec le fromage, la maïzena, 5 ml/1 cuillère à café de vin ou de xérès et une pincée de sel. Laisser mariner 30 minutes. Faites chauffer l'huile et faites frire les côtes levées pendant environ 3 minutes jusqu'à ce qu'elles soient dorées. Faites chauffer 15 ml/1 cuillère à soupe d'huile d'olive dans un wok, ajoutez le reste de l'eau, le sucre, la pâte de tomate, la sauce chili, le zeste d'orange et le vin ou le xérès et remuez à feu doux pendant 2 minutes. Ajouter le porc et remuer jusqu'à ce qu'il soit bien enrobé. Transférer dans une assiette chaude et servir garni de tranches d'orange.

escalope d'ananas

Pour 4 portions
900 g / 2 lb de côtes de porc
600 ml / 1 pt / 2½ tasses d'eau

30 ml / 2 cuillères à soupe d'huile d'arachide (cacahuètes)

2 gousses d'ail, hachées finement

200 g de morceaux d'ananas en conserve dans du jus de fruit

120 ml / 4 fl oz / ½ tasse de bouillon de poulet

60 ml/4 cuillères à soupe de vinaigre de vin

50 g / 2 oz / ¼ tasse de cassonade

15 ml / 1 cuillère à soupe de sauce soja

15 ml / 1 cuillère à soupe de farine de maïs (amidon de maïs)

3 oignons nouveaux (oignons verts), hachés

Mettez le porc et l'eau dans une casserole, portez à ébullition, couvrez et laissez cuire 20 minutes. Sèche bien.

Faites chauffer l'huile et faites revenir l'ail jusqu'à ce qu'il soit légèrement doré. Ajouter les côtes et faire revenir jusqu'à ce qu'elles soient bien enrobées d'huile. Égouttez les morceaux d'ananas et ajoutez 120 ml/4 fl oz/½ tasse de jus dans la casserole avec le bouillon, le vinaigre de vin, le sucre et la sauce soja. Portez à ébullition, couvrez et laissez cuire 10 minutes. Ajoutez l'ananas égoutté. Mélangez la fécule de maïs avec un peu d'eau, ajoutez-la à la sauce et faites cuire en remuant jusqu'à ce que la sauce soit allégée et épaissie. Servir parsemé de ciboulette.

Escalope de crevettes croustillante

Pour 4 portions

900 g / 2 lb de côtes de porc
450 g de crevettes décortiquées
5 ml/1 cuillère à café de sucre
sel et poivre fraîchement moulu
30 ml / 2 cuillères à soupe de farine (tout usage)
1 œuf légèrement battu
100 g de chapelure
huile de friture

Couper les côtes levées en morceaux de 5 cm/2. Retirez une partie de la viande et hachez-la avec les crevettes, le sucre, le sel et le poivre. Pétrir la farine et l'œuf juste assez pour que le mélange soit collant. Pressez autour des morceaux de côtes et saupoudrez-les de chapelure. Faites chauffer l'huile et faites frire les côtes jusqu'à ce qu'elles remontent à la surface. Bien égoutter et servir chaud.

Côtes levées au vin de riz

Pour 4 portions

900 g / 2 lb de côtes de porc
450 ml / ¾ pt / 2 tasses d'eau

60 ml / 4 cuillères à soupe de sauce soja
5 ml/1 cuillère à café de sel
30 ml/2 cuillères à soupe de vin de riz
5 ml/1 cuillère à café de sucre

Coupez les côtes en 2,5 cm/1. Mettre dans une casserole avec l'eau, la sauce soja et le sel, porter à ébullition, couvrir et laisser cuire 1 heure. Sèche bien. Faites chauffer une poêle et ajoutez les côtes levées, le vin de riz et le sucre. Faire frire à feu vif jusqu'à ce que le liquide s'évapore.

Escalopes aux graines de sésame

Pour 4 portions
900 g / 2 lb de côtes de porc
1 oeuf

30 ml / 2 cuillères à soupe de farine (tout usage)
5 ml / 1 cuillère à café de farine de pomme de terre
45 ml / 3 cuillères à soupe d'eau
huile de friture
30 ml / 2 cuillères à soupe d'huile d'arachide (cacahuètes)
30 ml/2 cuillères à soupe de ketchup aux tomates (catsup)
30 ml / 2 cuillères à soupe de cassonade
10 ml/2 cuillères à café de vinaigre de vin
45 ml / 3 cuillères à soupe de graines de sésame
4 feuilles de laitue

Coupez les côtes levées en morceaux de 10 cm/4 cm et placez-les dans un bol. Mélanger l'œuf avec la farine, la fécule et l'eau, ajouter aux côtes levées et laisser reposer 4 heures.

Faites chauffer l'huile et faites revenir les côtes jusqu'à ce qu'elles soient dorées, retirez-les et égouttez-les. Faites chauffer l'huile et faites revenir la sauce tomate, la cassonade et le vinaigre de vin pendant quelques minutes. Ajouter les côtes et faire frire jusqu'à ce qu'elles soient bien enrobées. Saupoudrer de graines de sésame et faire revenir 1 minute. Disposez les feuilles de laitue sur une assiette chaude, décorez avec les côtes levées et servez.

Escalopes à la sauce aigre-douce

Pour 4 portions

900 g / 2 lb de côtes de porc

600 ml / 1 pt / 2½ tasses d'eau

30 ml / 2 cuillères à soupe d'huile d'arachide (cacahuètes)

2 gousses d'ail, écrasées

5 ml/1 cuillère à café de sel

100 g / 4 oz / ½ tasse de cassonade

75 ml / 5 cuillères à soupe de bouillon de poulet

60 ml/4 cuillères à soupe de vinaigre de vin

100 g de morceaux d'ananas au sirop

15 ml / 1 cuillère à soupe de purée de tomates (pâte)

15 ml / 1 cuillère à soupe de sauce soja

15 ml / 1 cuillère à soupe de farine de maïs (amidon de maïs)

30 ml / 2 cuillères à soupe de noix de coco râpée

Mettez le porc et l'eau dans une casserole, portez à ébullition, couvrez et laissez cuire 20 minutes. Sèche bien.

Faites chauffer l'huile et faites revenir les côtes avec l'ail et le sel jusqu'à ce qu'elles soient dorées. Ajoutez le sucre, le bouillon et le vinaigre de vin et portez à ébullition. Égoutter l'ananas et ajouter 30 ml/2 cuillères à soupe de sirop dans la poêle avec la purée de tomates, la sauce soja et la maïzena. Bien mélanger et laisser mijoter en remuant jusqu'à ce que la sauce soit légère et épaissie. Ajouter l'ananas, cuire 3 minutes et servir saupoudré de noix de coco.

Côtelettes braisées

Pour 4 portions

900 g / 2 lb de côtes de porc

1 œuf battu

5 ml/1 cuillère à café de sauce soja

5 ml/1 cuillère à café de sel

10 ml / 2 cuillères à café de farine de maïs (amidon de maïs)

10 ml / 2 cuillères à café de sucre

60 ml / 4 cuillères à soupe d'huile d'arachide (cacahuètes)

250 ml / 8 fl oz / 1 tasse de vinaigre de vin

250 ml / 8 fl oz / 1 tasse d'eau

250 ml / 8 fl oz / 1 tasse de vin de riz ou de xérès sec

Placer les côtes levées dans un bol. Battre l'œuf avec la sauce soja, le sel, la moitié de la fécule de maïs et la moitié du sucre, ajouter aux côtes levées et bien mélanger. Faites chauffer l'huile et faites revenir les côtes jusqu'à ce qu'elles soient dorées. Ajouter le reste des ingrédients, porter à ébullition et laisser bouillir jusqu'à ce que le liquide soit presque évaporé.

Escalopes à la Tomate

Pour 4 portions

900 g / 2 lb de côtes de porc

75 ml / 5 cuillères à soupe de sauce soja
30 ml / 2 cuillères à soupe de vin de riz ou de xérès sec
2 oeufs battus
45 ml / 3 cuillères à soupe de farine de maïs (amidon de maïs)
huile de friture
45 ml / 3 cuillères à soupe d'huile d'arachide (cacahuètes)
1 oignon, tranché finement
250 ml / 8 fl oz / 1 tasse de bouillon de poulet
60 ml/4 cuillères à soupe de ketchup aux tomates (catsup)
10 ml / 2 cuillères à café de cassonade

Coupez les côtes en 2,5 cm/1. Mélanger avec 60 ml/4 cuillères à soupe de sauce soja et le vin ou le xérès et laisser mariner 1 heure en remuant de temps en temps. Égoutter en jetant la marinade. Trempez les côtes levées dans l'œuf puis dans la farine de maïs. Faites chauffer l'huile et faites frire les côtes levées, quelques-unes à la fois, jusqu'à ce qu'elles soient dorées. Sèche bien. Faites chauffer l'huile d'arachide et faites revenir l'oignon jusqu'à ce qu'il soit translucide. Ajouter le bouillon, le reste de la sauce soja, le ketchup et la cassonade et cuire 1 minute en remuant. Ajouter les côtes levées et cuire 10 minutes.

Rôti de porc grillé

Pour 4 à 6 personnes

1,25 kg / 3 lb d'épaule de porc désossée

2 gousses d'ail, écrasées

2 oignons nouveaux (oignons verts), hachés

250 ml / 8 fl oz / 1 tasse de sauce soja

120 ml / 4 fl oz / ½ tasse de vin de riz ou de xérès sec

100 g / 4 oz / ½ tasse de cassonade

5 ml/1 cuillère à café de sel

Placer le porc dans un bol. Mélanger le reste des ingrédients, verser sur le porc, couvrir et laisser mariner 3 heures. Transférer le porc et la marinade sur une plaque à pâtisserie et cuire dans un four préchauffé à 200°C/400°F/gaz 6 pendant 10 minutes. Réduisez la température à 160°C/325°F/thermostat 3 pendant 1¾ heures jusqu'à ce que le porc soit cuit.

Porc froid à la moutarde

Pour 4 portions

1 kg de rôti de porc désossé

250 ml / 8 fl oz / 1 tasse de sauce soja
120 ml / 4 fl oz / ½ tasse de vin de riz ou de xérès sec
100 g / 4 oz / ½ tasse de cassonade
3 oignons nouveaux (oignons verts), hachés
5 ml/1 cuillère à café de sel
30 ml / 2 cuillères à soupe de moutarde en poudre

Placer le porc dans un bol. Mélanger tous les ingrédients restants sauf la moutarde et verser sur le porc. Laisser mariner au moins 2 heures en arrosant souvent. Tapisser une plaque à pâtisserie de papier d'aluminium et placer le porc sur une grille dans le moule. Rôtir dans un four préchauffé à 200°C/400°F/thermostat 6 pendant 10 minutes, puis réduire la température à 160°C/325°F/thermostat 3 pendant encore 1¾ heure jusqu'à ce que la viande soit tendre. tendre. Laissez-le refroidir puis mettez-le au réfrigérateur. Coupez-le bien. Mélangez la poudre de moutarde avec suffisamment d'eau pour obtenir une pâte crémeuse à servir avec le porc.

Rôti de porc chinois

Pour 6 portions

1,25 kg/3 lb de morceau de porc, tranché épaisse

2 gousses d'ail, hachées finement

30 ml / 2 cuillères à soupe de vin de riz ou de xérès sec

15 ml / 1 cuillère à soupe de cassonade

15 ml/1 cuillère à soupe de miel

90 ml / 6 cuillères à soupe de sauce soja

2,5 ml/½ cuillère à café de poudre aux cinq épices

Disposez le porc dans un plat peu profond. Mélanger le reste des ingrédients, verser sur le porc, couvrir et laisser mariner au réfrigérateur toute la nuit, en retournant et en arrosant de temps en temps.

Disposez les tranches de porc sur une grille dans une casserole remplie d'un peu d'eau et arrosez-les bien de marinade. Rôtir dans un four préchauffé à 180°C/350°F/thermostat 5 pendant environ 1 heure, en arrosant de temps en temps, jusqu'à ce que le porc soit cuit.

Porc aux épinards

Pour 6 à 8 personnes

30 ml / 2 cuillères à soupe d'huile d'arachide (cacahuètes)
1,25 kg / 3 lb de filet de porc
250 ml / 8 fl oz / 1 tasse de bouillon de poulet
15 ml / 1 cuillère à soupe de cassonade
60 ml / 4 cuillères à soupe de sauce soja
900 g / 2 lb d'épinards

Faites chauffer l'huile et faites dorer la viande de tous les côtés. Jetez la majeure partie de la graisse. Ajouter le bouillon, le sucre et la sauce soja, porter à ébullition, couvrir et laisser cuire environ 2 heures jusqu'à ce que le porc soit cuit. Retirez la viande de la poêle et laissez-la refroidir légèrement, puis coupez-la en tranches. Ajouter les épinards dans la poêle et cuire en remuant doucement jusqu'à ce qu'ils soient ramollis. Égouttez les épinards et disposez-les sur une assiette de service chauffée. Garnir de tranches de porc et servir.

boulettes de porc frites

Pour 4 portions

450 g/1 lb de porc haché (haché)
1 tranche de racine de gingembre, hachée
15 ml / 1 cuillère à soupe de farine de maïs (amidon de maïs)
15 ml / 1 cuillère à soupe d'eau
2,5 ml/½ cuillère à café de sel
10 ml/2 cuillères à café de sauce soja
huile de friture

Incorporer le porc et le gingembre. Fouetter ensemble la semoule de maïs, l'eau, le sel et la sauce soja, puis ajouter le mélange au porc et bien mélanger. Former des boules de la taille d'une noix. Faites chauffer l'huile et faites revenir les boulettes de porc jusqu'à ce qu'elles flottent. Retirer de l'huile et réchauffer. Remettez le porc dans la poêle et faites-le sauter pendant 1 minute. Sèche bien.

Rouleaux de porc et crevettes

Pour 4 portions

30 ml / 2 cuillères à soupe d'huile d'arachide (cacahuètes)

225 g/8 oz de porc haché (haché)

225 g de crevettes

100 g/4 oz de feuilles chinoises, hachées

100 g de pousses de bambou coupées en lanières

100 g de châtaignes d'eau coupées en lamelles

10 ml/2 cuillères à café de sauce soja

5 ml/1 cuillère à café de sel

5 ml/1 cuillère à café de sucre

3 oignons nouveaux (oignons verts), finement hachés

8 peaux de nems

huile de friture

Faites chauffer l'huile et faites frire le porc jusqu'à ce qu'il soit saisi. Ajouter les crevettes et faire revenir 1 minute. Ajoutez les feuilles de Chine, les pousses de bambou, les châtaignes d'eau, la sauce soja, le sel et le sucre et faites sauter 1 minute, puis couvrez et laissez cuire 5 minutes. Ajouter la ciboulette, passer au tamis et égoutter.

Placez quelques cuillerées du mélange de garniture au centre de chaque feuille de rouleau, repliez le fond, repliez les côtés, puis roulez vers le haut en enfermant la garniture. Scellez le bord avec un peu de mélange de farine et d'eau et laissez sécher 30 minutes. Faites chauffer l'huile et faites frire les petits pains pendant environ 10 minutes jusqu'à ce qu'ils soient croustillants et dorés. Bien égoutter avant de servir.

Porc haché à la vapeur

Pour 4 portions

450 g/1 lb de porc haché (haché)
5 ml / 1 cuillère à café de farine de maïs (amidon de maïs)
2,5 ml/½ cuillère à café de sel
10 ml/2 cuillères à café de sauce soja

Mélangez le porc avec les autres ingrédients et étalez le mélange sur une assiette creuse. Placer dans un cuiseur vapeur au-dessus de l'eau bouillante et cuire à la vapeur pendant environ 30 minutes jusqu'à ce qu'il soit bien cuit. Servir chaud.

Porc frit à la chair de crabe

Pour 4 portions

225 g / 8 onces de chair de crabe, émiettée
100 g de champignons hachés
100 g de pousses de bambou hachées
5 ml / 1 cuillère à café de farine de maïs (amidon de maïs)
2,5 ml/½ cuillère à café de sel
225 g/8 oz de porc cuit, tranché
1 blanc d'oeuf légèrement battu
huile de friture
15 ml/1 cuillère à soupe de persil frais haché

Incorporer la chair de crabe, les champignons, les pousses de bambou, la majeure partie de la semoule de maïs et le sel. Coupez la viande en carrés de 5 cm/2 cm. Préparez des sandwichs avec le mélange de chair de crabe. Tremper dans les blancs d'œufs. Faites chauffer l'huile et faites frire les petits pains, quelques-uns à la fois, jusqu'à ce qu'ils soient dorés. Sèche bien. Servir parsemé de persil.

Porc aux germes de soja

Pour 4 portions

30 ml / 2 cuillères à soupe d'huile d'arachide (cacahuètes)

2,5 ml / ½ cuillère à café de sel

2 gousses d'ail, écrasées

450 g / 1 lb de germes de soja

225 g de porc cuit, coupé en dés

120 ml / 4 fl oz / ½ tasse de bouillon de poulet

15 ml / 1 cuillère à soupe de sauce soja

15 ml / 1 cuillère à soupe de vin de riz ou de xérès sec

5 ml / 1 cuillère à café de sucre

15 ml / 1 cuillère à soupe de farine de maïs (amidon de maïs)

2,5 ml / ½ cuillère à café d'huile de sésame

3 oignons nouveaux (oignons verts), hachés

Faites chauffer l'huile et faites revenir le sel et l'ail jusqu'à ce qu'ils soient légèrement dorés. Ajouter les germes de soja et le porc et faire sauter pendant 2 minutes. Ajoutez la moitié du bouillon, portez à ébullition, couvrez et laissez cuire 3 minutes. Mélangez le reste du bouillon avec le reste des ingrédients, mélangez dans la casserole, ramenez à ébullition et laissez cuire 4 minutes en remuant. Servir parsemé de ciboulette.

cochon ivre

Pour 6 portions

1,25 kg/3 lb de porc désossé

30 ml / 2 cuillères à soupe de sel

poivre fraîchement moulu

1 échalote (oignon vert), hachée

2 gousses d'ail, hachées

1 bouteille de vin blanc sec

Mettez le porc dans une poêle et ajoutez du sel, du poivre, de la ciboulette et de l'ail. Couvrir d'eau bouillante, ramener à ébullition, couvrir et laisser cuire 30 minutes. Retirer le porc de la poêle, laisser refroidir et sécher pendant 6 heures ou toute la nuit au réfrigérateur. Coupez le porc en gros morceaux et placez-le dans un grand bocal à vis. Garnir de vin, couvrir et réfrigérer pendant au moins 1 semaine.

cuisse de porc cuite à la vapeur

Pour 6 à 8 personnes

1 petite cuisse de porc
90 ml / 6 cuillères à soupe de sauce soja
450 ml / ¾ pt / 2 tasses d'eau
45 ml / 3 cuillères à soupe de cassonade
15 ml / 1 cuillère à soupe de vin de riz ou de xérès sec
30 ml / 2 cuillères à soupe d'huile d'arachide (cacahuètes)
3 gousses d'ail écrasées
450 g/1 kilo d'épinards
2,5 ml/½ cuillère à café de sel
30 ml / 2 cuillères à soupe de farine de maïs (amidon de maïs)

Percez la peau de porc partout avec un couteau bien aiguisé et frottez-la avec 30 ml/2 cuillères à soupe de sauce soja. Mettez-le dans une grande casserole d'eau, portez à ébullition, couvrez et laissez cuire 40 minutes. Égoutter en réservant le liquide et laisser refroidir le porc, puis le placer dans un bol résistant à la chaleur.

Mélangez 15 ml/1 cuillère à soupe de sucre, le vin ou le xérès et 30 ml/2 cuillères à soupe de sauce soja et incorporez le porc. Faites chauffer l'huile et faites revenir l'ail jusqu'à ce qu'il soit légèrement doré. Ajoutez le reste du sucre et de la sauce soja, versez le mélange sur le porc et couvrez le bol. Placez le bol dans un wok et remplissez les côtés à moitié avec de l'eau. Couvrir et cuire à la vapeur pendant environ 1h30, en ajoutant de l'eau bouillante si nécessaire. Coupez les épinards en morceaux de 5 cm/2 cm et saupoudrez de sel. Portez une casserole d'eau à ébullition et versez-la sur les épinards. Laisser reposer 2 minutes jusqu'à ce que les épinards commencent à ramollir, égoutter et disposer sur une assiette de service chaude. Placez le porc dessus. Portez le bouillon de porc à ébullition. Mélangez la fécule de maïs avec un peu d'eau, ajoutez-la au bouillon et faites cuire en remuant jusqu'à ce que la sauce s'éclaircisse et épaississe. Verser sur le porc et servir.

Rôti de porc aux légumes

Pour 4 portions

50 g / 2 oz / ½ tasse d'amandes blanchies

30 ml / 2 cuillères à soupe d'huile d'arachide (cacahuètes)

sel

100 g de champignons coupés en dés

100 g de pousses de bambou coupées en dés

1 oignon, coupé en dés

2 branches de céleri, coupées en dés

100 g de pois mange-tout, coupés en dés

4 châtaignes d'eau coupées en cubes

1 échalote (oignon vert), hachée

20 ml / 4 fl oz / ½ tasse de bouillon de poulet

225 g / 8 oz Rôti de porc grillé, coupé en dés

15 ml / 1 cuillère à soupe de farine de maïs (amidon de maïs)

45 ml / 3 cuillères à soupe d'eau

2,5 ml/½ cuillère à café de sucre

poivre fraîchement moulu

Faire griller les amandes jusqu'à ce qu'elles soient légèrement dorées. Faites chauffer l'huile et le sel, puis ajoutez les légumes et faites frire pendant 2 minutes jusqu'à ce qu'ils soient recouverts d'huile. Ajouter le bouillon, porter à ébullition, couvrir et laisser cuire 2 minutes jusqu'à ce que les légumes soient presque cuits mais encore croquants. Ajouter le porc et faire chauffer. Mélangez la semoule de maïs, l'eau, le sucre et le poivre et incorporez à la sauce. Cuire en remuant jusqu'à ce que la sauce s'éclaircisse et épaississe.

Deux fois un cochon

Pour 4 portions

45 ml / 3 cuillères à soupe d'huile d'arachide (cacahuètes)
6 oignons nouveaux (oignons verts), hachés
1 gousse d'ail, écrasée
1 tranche de racine de gingembre, hachée
2,5 ml/½ cuillère à café de sel
225 g de porc cuit, coupé en dés
15 ml / 1 cuillère à soupe de sauce soja
15 ml / 1 cuillère à soupe de vin de riz ou de xérès sec
30 ml/2 cuillères à soupe de pâte de haricots

Faites chauffer l'huile et faites revenir l'oignon, l'ail, le gingembre et le sel jusqu'à ce qu'ils soient légèrement dorés. Ajouter le porc et faire revenir 2 minutes. Ajoutez la sauce soja, le vin ou le xérès et la pâte de haricots et faites sauter pendant 3 minutes.

Rognons De Porc Au Mangetout

Pour 4 portions

4 rognons de porc, coupés en deux et dénoyautés
30 ml / 2 cuillères à soupe d'huile d'arachide (cacahuètes)
2,5 ml/½ cuillère à café de sel
1 tranche de racine de gingembre, hachée
3 branches de céleri, hachées
1 oignon haché
30 ml / 2 cuillères à soupe de sauce soja
15 ml / 1 cuillère à soupe de vin de riz ou de xérès sec
5 ml/1 cuillère à café de sucre
60 ml / 4 cuillères à soupe de bouillon de poulet
225g / 8oz pois mange-tout (petits pois)
15 ml / 1 cuillère à soupe de farine de maïs (amidon de maïs)
45 ml / 3 cuillères à soupe d'eau

Faire bouillir les rognons pendant 10 minutes, les égoutter et les rincer à l'eau froide. Faites chauffer l'huile et faites revenir le sel et le gingembre pendant quelques secondes. Ajouter les rognons et faire frire pendant 30 secondes jusqu'à ce qu'ils soient enrobés d'huile. Ajoutez le céleri et l'oignon et faites revenir 2 minutes.

Ajoutez la sauce soja, le vin ou le xérès et le sucre et faites sauter pendant 1 minute. Ajouter le bouillon, porter à ébullition, couvrir et cuire 1 minute. Ajoutez les pois mange-tout, couvrez et laissez cuire 1 minute. Fouetter ensemble la semoule de maïs et l'eau, puis ajouter la sauce et cuire jusqu'à ce que la sauce soit allégée et épaissie. Sers immédiatement.

Jambon Rouge Aux Châtaignes

Pour 4 à 6 personnes

1,25 kg/3 lb de jambon

2 oignons nouveaux (oignons verts), coupés en deux

2 gousses d'ail, écrasées

45 ml / 3 cuillères à soupe de cassonade

30 ml / 2 cuillères à soupe de vin de riz ou de xérès sec

60 ml / 4 cuillères à soupe de sauce soja

450 ml / ¾ pt / 2 tasses d'eau

350g de châtaignes

Mettez le jambon dans une poêle avec l'échalote, l'ail, le sucre, le vin ou le xérès, la sauce soja et l'eau. Porter à ébullition, couvrir et cuire environ 1h30 en retournant le jambon de temps en temps. Blanchir les châtaignes dans l'eau bouillante pendant 5 minutes et égoutter. Ajouter au jambon, couvrir et cuire encore une heure en retournant le jambon une ou deux fois.

Galettes de jambon frit et œufs

Pour 4 portions
225 g de jambon fumé haché
2 oignons nouveaux (oignons verts), hachés
3 oeufs battus
4 tranches de pain rassis
10 ml / 2 cuillères à soupe de farine (tout usage)
2,5 ml/½ cuillère à café de sel
huile de friture

Mélangez le jambon, la ciboulette et les œufs. Cassez le pain en miettes et mélangez-le avec le jambon, la farine et le sel. Former des boules de la taille d'une noix. Faites chauffer l'huile et faites frire les boulettes de viande jusqu'à ce qu'elles soient dorées. Bien égoutter sur du papier absorbant.

Jambon et ananas

Pour 4 portions

4 champignons chinois séchés
15 ml / 1 cuillère à soupe d'huile d'arachide
1 gousse d'ail, écrasée
50 g de châtaignes d'eau tranchées
50 g de pousses de bambou
225 g de jambon haché
225 g de morceaux d'ananas en conserve dans du jus
120 ml / 4 fl oz / ½ tasse de bouillon de poulet
15 ml / 1 cuillère à soupe de sauce soja
15 ml / 1 cuillère à soupe de farine de maïs (amidon de maïs)

Faites tremper les champignons dans l'eau tiède pendant 30 minutes et égouttez-les. Jetez les tiges et coupez les sommets. Faites chauffer l'huile et faites revenir l'ail jusqu'à ce qu'il soit légèrement doré. Ajoutez les champignons, les châtaignes d'eau et les pousses de bambou et faites revenir 2 minutes. Ajouter le jambon et les morceaux d'ananas égouttés et faire revenir 1 minute. Ajoutez 30 ml/2 cuillères à soupe de jus d'ananas, la majeure partie du bouillon de poulet et la sauce soja. Portez à ébullition, couvrez et laissez cuire 5 minutes. Mélangez la fécule de maïs avec le reste du bouillon et ajoutez-la à la sauce. Cuire en remuant jusqu'à ce que la sauce s'éclaircisse et épaississe.

Omelette au jambon et aux épinards

Pour 4 portions

30 ml / 2 cuillères à soupe d'huile d'arachide (cacahuètes)

2,5 ml/½ cuillère à café de sel

1 gousse d'ail, hachée

2 oignons nouveaux (oignons verts), hachés

225 g de jambon coupé en dés

450 g/1 lb d'épinards, hachés

60 ml / 4 cuillères à soupe de bouillon de poulet

15 ml / 1 cuillère à soupe de farine de maïs (amidon de maïs)

15 ml / 1 cuillère à soupe de sauce soja

45 ml / 3 cuillères à soupe d'eau

5 ml/1 cuillère à café de sucre

Faites chauffer l'huile et faites revenir le sel, l'ail et la ciboulette jusqu'à ce qu'ils soient légèrement dorés. Ajouter le jambon et faire revenir 1 minute. Ajouter les épinards et mélanger jusqu'à ce qu'ils soient recouverts d'huile. Ajouter le bouillon, porter à ébullition, couvrir et cuire 2 minutes jusqu'à ce que les épinards commencent à flétrir. Mélangez la farine de maïs, la sauce soja, l'eau et le sucre et mélangez dans la poêle. Cuire en remuant jusqu'à ce que la sauce épaississe.

www.ingramcontent.com/pod-product-compliance
Lightning Source LLC
Chambersburg PA
CBHW071822110526
44591CB00011B/1177